悪口を言われても気にしない人の考え方

堀もとこ
Motoko Hori

あさ出版

はじめに

あなたは、今の自分に満足していますか？

誰の目も気にせずに、自分の好きなものを選べていますか？

誰かに悪口を言われても、気にせずにいられますか？


もし、これらの問いに即答で「イエス」と答えられないとしたら、この本を手にしたのは偶然ではありません。これからの人生を変える転機がやってきたのです。


かつての私は、この問いすべてが「ノー」でした。

常に人の目を気にして、自分の意見が言えませんでした。

悪口を言われるのが怖くて、誰かがヒソヒソ話をしていれば「きっと私の悪口を言っているに違いない」と被害妄想にとりつかれ、笑い声が聞こえたら「きっと私のことを笑っているんだ」とビクビクしていました。

「人のことなんて気にしないで」
と言われても、そんなことは到底できるわけがないと諦めていました。

そんな私が、東日本大震災をきっかけに、「もう、こんな自分は嫌だ！」と、初めて自分の人生を真剣に考えるようになったのです。

大学で心理学を専攻していた私は、「きっと、心理学にヒントがある」と思い、30歳を過ぎてから再び大学に入り、勉強をやり直しました。

それと並行して、「自分らしい生き方をしている」「人の目を気にせず、堂々としている」と思う、いわゆる「人生の成功者」の著書を、手当たり次第に読みました。

本を読み進めるうちに、あるひとつの共通点に気がつきます。

どの著者も、悪口を言われても、全く気にしていないのです。

人は人、自分は自分。「そう考える人もいるんだなぁ」と思う程度で、他人によってメンタルを乱されることがなかったのです。

どうしたら、私も彼らのようになれるんだろう？

私は、自分と彼らの違いをじっくり考えてみました。するとそれは、遺伝子や育った環境などの「自分では変えられないもの」にではなく、**「考え方・捉え方」**という、「自分でどうにでも変えられるもの」にあったのです。

８年前、とにかくネガティブで、人間関係にこころをすり減らしていた私は、今、堂々と自分の意見を言い、悪口を言われても感情を引きずることなく、気持ちのコントロールができるようになりました。

私が実行していたのは、厳しい筋トレでもなく、怪しい洗脳でもなく、難しい勉強でもありません。ただ、「考え方・捉え方」を、変えただけなのです。

思考というのは、脳の「クセ」のようなもの。まずは「自分の思考のクセ」に気づき、クセをいったん伸ばします。そのあとで、新しいクセをつけます。

これを繰り返すことで、「考え方・捉え方」というのは、確実に変わります。

この本には、自分が知らず知らずのうちに身につけてしまった、歪んだ捉え方・考え方に気づき、対処方法を知り、それを実行する内容が書かれています。

三か月後には、自分の変化に気づけるでしょう。そして半年もたてば、思考はすっかり変わっていることに驚くはずです。

超ド級のネガティブ思考だった私こそが、エビデンスです。

さて、冒頭の問いに、即答で「イエス」と答えられた人がいたとしたら、あなたはかつての私が憧れていた、なりたかった人物像そのものです。

きっとあなたの周りにも、かつての私のように悪口を気にして、悩み、苦しんでいる人がいるはずですから、ぜひ、その方に「人生は自分次第でどうにでもなる」ということを伝えてあげてほしいのです。そして、この本をプレゼントしてあげてください。

人生は一度きり。やり直すことはできません。

自分こそが人生の主役であり、また、脚本家でもあるのです。

人は「変わろう」と思ったその瞬間から、どんな自分も変えることができます。

ぜひ本書を、あなたの人生の「参考書」として、お役に立てていただければ幸いです。

堀もとこ

2023年12月

Contents

Chapter 2

悪口を言われても絶対にしてはいけないこと5つ

Contents

Chapter 3

悪口をエネルギーに変換！

Contents

Chapter 4

悪口に負けない思考法

Don't worry!

Chapter 1

悪口を言われたら、まず考えてみること5つ

Don't worry! 01

物事はすべて「捉え方」

「背が低い」

「ぽっちゃりしている」

など、容姿については、男女問わずコンプレックスを抱きがちです。

美しい女優さんがゴージャスなドレス姿で登場する映画を観てうっとりしているあなた。

その場にいた友人などから、

「素敵ね～。でもあなたは背が低いから、こんなロングドレスは似合わないわね」

などと言われたら、表面では、「そうね」と笑いながらも、内心では「悪口を言われた」と、傷つくこともあるでしょう。人の容姿について悪く言うなんて、無神経だと腹立たしく思うかもしれません。

たとえば、一重まぶたが悩みなら、お化粧でカバーすることも、思い切って整形することもできるし、ぽっちゃりしているのは、一念発起のダイエットで克服できるかもしれません。

ですが、身長などの「自分ではどうすることもできないようなこと」を指摘されると、悔しいですよね。

今までこのようなシーンで苦い思いをしていても、これからは相手の言葉が気にならなくなる、そんな方法があるとしたら……？

事実を言っただけで悪口ではないかもしれない

キーワードは、「捉え方」です。

身長が何センチか、というなら数値はいつも同じです。

学校の保健室で測定したときも、病院の診察室で測定したときも、身長は、若干の誤差はあるにせよ、ほとんど同じです。

それは世界中のどこでも、1センチの長さは国際基準で決められているからです。

アメリカのAさんが見た数値と、イギリスのBさんが見た数値は、単位がフィートになってもインチになっても、同じこと。

このように、誰が見ても変わらないことを「事実」と呼びましょう。

ここで言うと、「身長という数値」が「事実」です。


ですが、この「事実」と「背が低い、と、コンプレックスを感じていること」は全くの別物なのです。

どういうことかというと、あなたには、あなたの理想とする身長や日本人の平均身長の概念があって、そこと比べて自分は「背が低い」と思っています。

さらに言えば、「背は低いよりも高いほうがいい」とも思っています。

これは、「あなたの背が低い」というのが「事実」なのではなく、あなたが自分のことを勝手に人と比べて背が低いと「思っているだけ」なのです。

「あなたは背が低いから、ロングドレスは似合わないわね」というのも、その友人が勝手に思っているだけのこと。

あくまでもその人の主観であり、百人中百人が同じことを言うわけではありませんし、友人の主観の中に、「事実」は一つもありません。


雨が降ったら外で遊べないから最悪だ。

電車に乗り遅れてしまったから最悪だ。

好きな人に振られたらこの世の終わりだ。


こんなふうに考えてしまうことはありませんか？

でも、みなさんご存じの通り、雨が降っても外で遊ぶことはできるし、待っていれば次の電車がやってくる。好きな人に振られても、この世は終わりません。

この３つの例にある「事実」は、雨が降ったこと、電車に乗れなかったこと、そして好きな人に振られたことです。


「事実」に対して、どんな感情をくっつけるのかは人それぞれ。

「事実」以外の、最悪だ、などという感情はその人が感じている主観にすぎず、「事実」

にくっついたおまけのようなもの。

このおまけを変えるだけで、なんと印象はガラリと変わるのです。


雨が降ったら、買ったばかりの傘が使えるからラッキー！

電車に乗り遅れたから、この時間を利用してコーヒーを飲もう！

好きな人に振られた……。よし、もっと自分を磨いて見返してやろう！


どうでしょう？

あなたに降りかかる「事実」は変わらないのに、主観を変えただけでこんなにも前向きな文章になりましたよね。


さて、ここでもう一度、冒頭のお話を思い出してみてください。

あなたは友人に「あなたは背が低いから……」と、悪口を言われたと感じています。ここでの「事実」は「友人が、あなたが低身長ゆえロングドレスが似合わないと言った」ということで、友人の言葉が悪口なのかどうかは、実はあなたが決めているだけなのです。

コンプレックスを抱いている部分に、人は敏感になる

ひょっとするとその友人は、高身長の女優やモデルがロングドレスをすっきり着こなしているのを見たために、このようなドレスは高身長の人が似合うものだ、といった固定観念があるのかもしれません。もしくは、あなたには可愛いショート丈のドレスが似合う、と言いたかったのかもしれません。

少し挙げてみただけでも、「かもしれない」は無数に出てきます。

人の気持ちを推測しても、いつまでも正解にはたどり着けません。

正解は、その人しか持っていない

から、考えるだけ時間の無駄なのです。

あなたの友人がどういう意図で「ロングドレスは似合わない」と言ったのかはわかりません。その友人が、自分の発言さえ忘れていることだってあり得ます。

あなたがそれを「悪口」だと捉えたのは、コンプレックスを抱いている部分だからではありませんか？

もし「あなたはスタイルがいいから、ロングドレスは似合わない」と言われたら、頭の中が「？？？」となりますよね。

コンプレックスを抱いている部分に、私たちは敏感です。敏感だからこそ、どうしてもネガティブにしか捉えられなくなっています。

大切なのは「事実」にどんな感情をくっつけるかは、自分で決められるということ。

自分次第で、悪口にもなれば、ほめ言葉にもなる。それが「事実」なのです。

事実は変えられないが、感情は自由に変えられる！

ここまで、見た目にまつわる話をしてきましたが、面と向かって「あなたって不細工ね」と言う人は、なかなかいません。

容姿に関するマイナスな発言は、たいてい当人がいない場所で言われます。

以前、ある高校生の男の子が暗い顔をして相談に来ました。

「同じ塾の女子が、僕のことを〈エヴァンゲリオン〉みたい、と悪口を言っていた」

彼はとても落ち込んでいて、もう塾に行きたくない、とまで口にします。

「どうしてそれが悪口だと思ったの？」

私は尋ねてみました。

すると彼は、

「シンジ（物語の主人公で、〈エヴァンゲリオン〉のパイロット）は、優柔不断で引っ込み思案だし、自己肯定感がめちゃくちゃ低い。僕もそう思われてるんだなって思うと悲しい」

と答えました。

ですが、私はなぜそれが悪口になるのかが、わからなかったのです。

だって、〈エヴァンゲリオン〉といえば最強の人造人間です。敵（使途）と互角に戦える、人類が保有する唯一無二の存在です。

私は〈エヴァンゲリオン〉が大好きで、単行本もアニメも映画もすべて見るほどのファンですから、「〈エヴァンゲリオン〉みたい」イコール悪口とはならないのです。

さて、みなさんもうおわかりでしょうか。

私にとっての〈エヴァンゲリオン〉のイメージが「強くてかっこいい」であるのに対して、彼にとっては「優柔不断で引っ込み思案」になっているのです。

確かに、主人公の碇シンジは積極的なタイプではなく、作品中でも自分の内面と必死で戦う様子が描かれています。そこを切り取れば、彼の言うように、「優柔不断で引っ込み思案、自己肯定感の低い子」というのは当たっています。

ですがシンジの仲間を思う優しさや、世界のために立ち向かおうとする強さも描かれています。

彼が思う〈エヴァンゲリオン〉も、私が思う〈エヴァンゲリオン〉も、どちらも同じ。彼の感じたことも、私の感じたことも、どちらも間違いではありません。

ちなみに後日談ですが、彼のことを「〈エヴァンゲリオン〉みたい」と言った女子から話を聞くことができました。

彼女の言葉は、「碇シンジに顔が似ている」という意味だったのです。

私の思う「強い」という意味も、彼の思う「優柔不断で意志が弱い」という意味も、どちらも大外れだったのですよ。

人によって、ものの見方は正反対にもなる

あなたにもこれまでに、「Aという意味で伝えたことが、Bと伝わってしまった」という経験があると思います。自分はそんなつもりではなかったのに、相手を傷つけたり、怒らせたり、失望させてしまうような状況のことです。

かなり前の話ですが、私がデパートの化粧品売り場をブラブラしていたとき、

「この後、お時間ありませんか？　新製品の化粧水を体験してみませんか？」

と、美容部員さんに声をかけられました。

ちょうど時間もあり、新製品に興味もあったので、

「大丈夫です」

と返事をしました。

すると美容部員さんは、

「またぜひお立ち寄りください」と頭を下げ、別の人に声をかけたのです。

私は、「この後お時間ありませんか」という問いかけに、「時間ありますよ」という意味で「大丈夫です」と答えたつもりだったのに、相手は「新製品の化粧水を体験してみませんか？」という問いかけに対して「必要ありません」という意味での「大丈夫です（＝拒否）」だと受け取ったのです。

私は自分の意図が伝わっていなかったとは思いもせず、「声をかけたのはあちらのほうなのに、なぜか断られた。なんて失礼な人なんだ！」と、ずいぶんひねくれた捉え方をしてしまったのです。

私の「大丈夫です」という、あいまいな、イエスにもノーにも捉えられる返事がよくなかったのだと気づいたのは、そのずっと後のことです。しばらくの間モヤモヤとしていたので、精神的にも随分と損をした気分になりました。

それ以来、私はあいまいな表現を使うときは十分に気をつけるようにしています。

誤解を招く言葉は、他にもいくつかあります。

A「明日、C子と遊びに行くんだ」
B「私も行っていい？」
A「なんで来るの？」

Aは、Bが「私も行っていい？」と尋ねたのに対して、「なんで来るの？」と尋ね返していいます。

これは、「バスで来るの？　それとも電車？」と、交通手段を尋ねているようにも捉えられるし、「C子と遊びたいのに、どうして誘ってもいないあなたが来るの？」という、拒否にも捉えられます。

どちらも、Aがどういう意図で発した言葉なのかを推測することしかできませんが、交通手段を尋ねられていると捉えれば全く問題はないのに、拒否だと捉えればショックで傷つきます。

このように、傷つきやすい人というのは、相手の発した言葉をネガティブに捉えやすい

言葉をポジティブに受け取る習慣をつける

傾向があります。相手の言葉を常にポジティブに捉えるようにすれば、傷つかずに済むのです。

「そんなことを言って、相手が本当にネガティブな意味で言っていたとしたら？」

そんな疑問がわくかもしれませんね。

でも、大丈夫！　相手の言葉の意図は、それを言った本人しかわかり得ないことです。

たとえ悪意を持って嫌味を言ったとしても、こちらが「嫌味を言われた」と思わなければ、全くもって、無意味なのです。

どうせ相手の言葉の意図を推測するなら、ポジティブに変換してしまえばいいのです。

Don't worry!
02

それは友達のふりをした敵かもしれない

「あの子があなたのことを悪く言っていたよ」


こんなふうに教えてくれる友達っていますよね。

あなたはもしかして「わざわざ知らせてくれて、なんて親切なんだろう」と思ってはいませんか？　または、

「悪口が許せないなんて、正義感が強いんだな」

と感じる人もいるかもしれませんね。

でもこれは、残念ながらどちらも正しい考え方ではありません。

その証拠に、「悪口を伝えてくれてありがとう」といった感謝の気持ちは、全くわいてこないのではありませんか？

おそらく「そんなこと聞きたくなかった」「わざわざ知らせてくれなくてもよかったの

に……」と、モヤモヤした気分になるはずです。

わざわざ他人の言った悪口を知らせてくれる人は、残念ながら本当にあなたのことを思って親切心で知らせているのではありません。自分の目的のために、その誰かの悪口を利用しているのです。

利用には、３つのパターンが考えられます。

利用パターン①自分で言えないから他人の意見を借りている

「Aさんがあなたのことを、自慢話が多くて嫌な感じだって言っていたよ。何もそんなふうに言わなくてもいいのにね」

こんなふうに言われたら、あなたはショックを受けるでしょう。

自分が進んで自慢話をしていたつもりはなくても、Aさんにはそう受け止められてしまっていたことが、まずショックです。そして、それをAさんが他人に悪口として言っていることもショックです。ただでさえダブルでショックなのに、聞かなければ知り得ない悪口をわざわざ知らされることで、トリプルショック、大災難です。

この場合、言った本人は親切心を装っていますが、実はこころの奥底で「私もそう思っているけどね」と舌を出しています。

自分が直接「あなたは自慢話が多くて嫌な感じだから、そういうのをやめてほしい」と言うと、悪者になってしまうので、他人の意見に「私が思っていたことをよくぞ言ってくれた！」と便乗しているのです。

利用パターン②もめ事を起こしたい

クラスの仲良しグループやサークル活動などで、もめ事が続くことってありますよね。実はそれ、偶然ではありません。

世の中には、他人の人間関係を壊したがる人、すなわち、「コミュニティクラッシャー」が存在します。

コミュニティクラッシャーは、もめ事を起こす手段として、悪口や噂話を利用します。

やり方はとっても簡単。

「Aさんがあなたの悪口を言っていたわよ」

とBさんに言い、逆にAさんには、

「Bさんがあなたの悪口を言っていたわよ」

と伝えます。

これだけで、あっという間に、AさんとBさんは仲たがいをしてしまいます。

火のないところに煙は立たぬ、というように、誰もが「原因もないのに悪口を言われるわけがない」と思っています。

ですから、自分が悪口を言われていると知ると、「私の何がいけなかったのだろうか」「そんなつもりはなかったけど、気分を害してしまったのか」と、罪悪感にさいなまれ、自己嫌悪に陥ってしまいます。

でも「私が悪い」と思い続けているのはメンタルが耐えきれないので、

「いや、待てよ。誰にでも悪いところはあるはずだ。悪いのは私ではなく、私の悪口を言う人のほうだ」

「あの人だって、悪いところはあるくせに、自分のことは棚に上げて……」

と思うようになります。これは、自分のメンタルを保とうとする当然の自己防衛なのです。

コミュニティクラッシャーは、この心理を巧みに利用して、わざわざあなたの悪口を伝えに来てくれます。

時には内容に尾ひれを付けて大げさにしたり、ひどい場合は全くのデタラメをでっちあげたりすることもあります。

「私に嫌われるとこうなるのよ」といわんばかりに、自分の嘘や悪口で、人間関係が崩れていく様子を満足げに見ているのです。

利用パターン③いい人になって、あなたと仲よくなりたい

「Aがあなたのことを悪く言っていたわ。だから、Aには気をつけたほうがいいと思う」

こんなふうに言われたら、この人は親切心からAのことを忠告してくれたのだと思いますよね。でも、ちょっと待って。実はそうではありません。

「あの人には気をつけて」という忠告には「あの人と仲よくするぐらいなら、私と仲よくなりましょう」という意図が隠れているのです。

「Aがあなたのことをこうやって悪く言っていたわ」

「えっ、そうなの。ショック……」

「でもAも人のこと言えないと思う。自分のことは棚に上げて、ひどいよね」
「そうよね、Aも同じようなことあると思うし、私ばかり悪いわけじゃないよね」

Aに悪口を言われたあなたをかばい、「この人は、Aの悪口を聞いても私のことを誤解しないでくれている。私を理解してくれている」と思わせることで、自分たちの絆を深めようとしています。

不平不満というのはエネルギーが強いので、お互いに共感し合うことで絆が深くなるのです。

人と人が仲よくなるには、共通点を探すことが一番です。趣味が同じ、出身地が同じ、学校が同じ……。ポジティブな共通点だけではありません。ネガティブな共通点でも、十分に仲よくなれるものなのです。

特定の人物の悪口を言い合うことで、お互いがわかり合えたような気になるのはよくあること。ご近所さんの井戸端会議や、ママ友のランチ会などで誰かの噂話が多いのも、納得ですね。

悪口は、コミュニティクラッシャー最大の武器

とはいえ、仲よくなる材料として悪口を使うのは、賢い手段ではありません。

共通の敵を排除したら、また違う共通の敵を見つけなければならないのです。

そしていつかあなたもターゲットにされて、人間関係が終わってしまうだけ……。

悪口を絆とする人間関係は、とてももろいのです。

さて、「コミュニティクラッシャー」という言葉が出てきました。

友達だと思っていたけど、実はそうではなかったかもしれない……。

そんな存在を表す言葉として「フレネ

ミー」というものがあるのをご存じでしょうか。

「友達ではあるのだけど、話した後はどっと疲れてしばらく会いたくなくなる」
「私のことを、ほめているのか、けなしているのかわからない」
「たまに、私のこと嫌ってる？　と思うときがある」

今、あなたの頭に誰かが浮かんだとしたら、その人はもしかしたら「フレネミー」かもしれません。

「フレネミー」とは、「友達」という意味のフレンド（friend）と、「敵」という意味のエネミー（enemy）を合わせて作られた造語で、「友達のふりをした敵」のこと。

「表面上は親しく振る舞っているけれど、実際には敵意を持ち、あなたを陥れようとする友達」のことを指します。

この単語が誕生した明確ないきさつは不明ですが、２０００年に放送されていたアメリカの大人気連続ドラマ「セックス・アンド・ザ・シティ」にはすでに登場していることから、20年以上前から人々は「フレネミー」に苦しんできたようです。

フレネミーは、一見、あなたの味方をしたいい友達（フレンド）のように思えます。敵（エネミー）のような態度を見せることはありません。

親しみやすく、話上手で、時には親身に相談に乗ってくれるでしょう。

あなたの愚痴には「わかる！」と共感してくれ、自分の愚痴を言ったり、相談もしてくるので、順調に信頼関係が築かれていきます。

でも、ここで終わらないのがフレネミーなのです。

フレネミーは、あなたと信頼関係を築いたうえで、あなたにとってマイナスな方向に動くよう操作したり、自分が優位でいられるようにコントロールしたりするのです。

フレネミーの特徴①嫉妬する

フレネミーはあなたを敵視しています。

あなたの成功を願ったり、応援したりするように見せかけ、実はこころの中で失敗を願っています。

たとえば「Aさんとうまく行くように願っているね！」とあなたには言いながら、そのAさんにはあなたの悪口を吹き込んだりします。

フレネミーの特徴②裏切る

フレネミーはあなたを裏切ります。

「絶対に誰にも言わないで……！」

そうお願いしたにもかかわらず、秘密をバラされたことはありませんか？

フレネミーはあなたの信頼を得ることがとても上手。信頼させて、あなたの情報をたくさん引き出したあとで、意図的にあなたの秘密をバラしたり、個人的な情報をほかの人に知らせたりします。

フレネミーの特徴③悪口を言う

フレネミーはあなたの悪口を言います。

あからさまな悪口よりも「私自身が困ってるんだけどね……」とか「私はいいと思うんだけど、悪い噂を聞いたので……」などと言って、自分はあなたを好きだという前提で悪口を言うのがフレネミーです。

このような言い方をすれば、自分の立ち位置を「悪口を言う人」ではなく、「あなたの心配をする人」というポジションに置きながら、あなたの評判を下げることができるからです。

「じゃあもう、仲よくしてくれなくてもいいのだけど……」

私もそう思います。わざわざ傷つけるために近づいてきてほしくないのですが、そこにフレネミー特有の、人間関係のゆがみがあるのです。

フレネミーが悪口を言う理由は、次のようなものが挙げられます。

①嫉妬心や競争心がある

フレネミーはあなたをライバル視しているので、あなたが成功したり、いい結果を出したりするのが気に入りません。プライドの高さゆえに、自分の能力や立場が、あなたより下になることが許せないのです。

負けないように努力をすればいいのですが、結果が出るかどうかわからない努力をするよりも、他人を蹴落とすほうが楽だと考えているのです。

②自己防衛している

フレネミーは、本当のところは強くありません。でも、弱い自分を見せられないので、とても強そうな鎧《よろい》を着ています。

本当に強くなりたければ、自分を鍛える方法はいくらでもあります。でもフレネミーは根性もなく、強くなる方法を知らないので（さらには知ろうともしないので）、陰湿なやり方でしか立ち向かうことができません。

相手を先に傷つけておけば、自分は傷つかなくて済むという、自己防衛を常に働かせているのです。

③コントロール欲求がある

悪口を言うと、相手は不安になったり、傷ついたりします。ショックを受けているあなたに「大丈夫？　何かあったの？　話してみて」と優しい言葉をかけながら、実はこころの中で自分の筋書き通りに事が進むのを楽しんでいるのです。

ちょうどそれは、好きな人に思わせぶりな態度を取る心境と似ています。思わせぶりな態度で、相手があなたを意識しだしたら嬉しいですよね。連絡のやりとりも、相手から来るのを待つよりも、相手を待たせるほうが気持ちに余裕が持てますよね。

フレネミーも同じ。自分の行動で、あなたを一喜一憂させたいのです。良いことも悪いことも、コントロールしたいという欲求があるのです。

④あなたに嫌われたくない

そんなフレネミーも、あなたに嫌われたくはないと思っています。あくまでも「友達」という前提があるので、気に入らないからといって友達関係を解消するつもりはないのです。ですから、あなたに不満があっても直接伝えるようなことはありません。

自分は安全な位置にいながら、誰かほかの第三者を巧みに使い、あなたに不満を伝えようとするのです。


じゃあ、フレネミーにはどう接すればいいの？

その答えはただひとつ。

フレネミーに情報を与えないことです。

SNSではプライベートな投稿をするのを控えましょう。

ランチに誘われたら、用事があると断りましょう。付き合いが悪いと言われても「ちょっと忙しくて」と言えばいいのです。

フレネミーにとっては、恋人の愚痴、仕事の話、家族の話題など、日常会話のささいなことが「エサ」になります。

何を聞かれても「うーん、わからない」とはぐらかすだけでいいのです。

フレネミーはあなたから離れていくかもしれませんが、それはそれでラッキーなこと。いつ悪口を言われるかわからない相手となんて、早いうちに縁が切れて正解です。

カリフォルニア大学デービス校の研究チームが行った調査では、十代のいじめは友達同士の間で起きるということがわかりました。そしていじめがあったあとも、当事者の多くは友達関係を継続していたというから驚きです。

いじめというと、一般的には、強いものが弱いものをいじめる、という印象がありますが、実際には対等の立場の（もしくは対等な立場に見える）友達の中にこそ、いじめが発生しやすいのですね。

友達だけど、なんだか疲れる……。そういった人間関係に悩んでいるのなら、勇気を持って、少しの距離を取ることも考えてみましょう。

Don't worry!
03
SNSインターネット上での悪口

「新聞に載ったぐらいで喜んで、あいつバカじゃないの」


これは、私がSNSに書かれた悪口です。

それを見たとき、私は入浴中だったのですが（湯船に浸かりながらスマホを見るのが日課です）、熱いお湯に浸かっていたにもかかわらず、急に寒くなり血の気が引くのを感じました。

この悪口を書いたのは、私の知人だったのです。私の悪口を誰かに言うことはあっても、まさかSNSに書くとは想像もしていませんでした。

新聞に掲載された内容は、ボランティア活動のこと。それを誇らしく思っていたので、「○○新聞に掲載していただきました」と、自分のSNSに投稿していました。

それを「新聞に載ったぐらいで喜んで、あいつバカじゃないの」と書かれてしまったのです。「載ったぐらいで」という言葉を見て、少し恥ずかしさも感じました。

あまりにもショックだったので、私は別の友達に相談しました。すると友達は、私に共感してくれつつも、こう言ったのです。

「そんなのいちいち見るからダメなのよ。もうその人のＳＮＳは見ちゃダメ」

言われてしまえばその通りです。

その知人のＳＮＳを見さえしなければ、私はわざわざ傷つくこともなかったのです。

その場でそっと、フォローを外しました。

これでもう、知人がどんな悪口を書こうとも、私の目に入ることはなくなりました。

――さて、これで解決なのでしょうか？


国際大学ＧＬＯＣＯＭ客員研究員である、小木曽健さんの言葉を借りると、ＳＮＳとは「その人の家の玄関」です。

ネットにモノを書くということは、自宅玄関にベタベタものを貼っていくのと同じ作業なのです。だから玄関ドアに貼れるものは、ネットに貼っても全く問題なし。そしてドアに貼れないものは、ネットに書かない方が良い、のではなく……書けないのです。

（東洋経済オンライン2016．4．6）

これを読んで、私はハッとしました。

小木曽さんの言葉は、ネットリテラシー啓発ともいえるものです。

「ネットは匿名ではあるものの、簡単なきっかけで身元が特定されてしまう。だから日常でやらないことは、ネットでもやってはいけない」という、「書き込む側」への注意です。

ですがこれは、「書かれる側」にとっても大切な考え方なのではないでしょうか。

冒頭のエピソードでいえば、私は知人の家の玄関に「〇〇はバカ」と名指しで張り紙を貼られていたことになります。

その知人の家の前を通りかかったときに、不覚にも自分の悪口を目の当たりにすることとなり、ショックを受けた私は、もう二度と傷つきたくないと思い、今後はその知人の家の前を通らないように、歩くルートを変更することにした……。

みなさんはお気づきでしょうか、これでは全く解決していないということを。

玄関に名指しで書かれた悪口は、通行ルートを変更した私には見えなくなりますが、その家の前を通る人にはずっとさらされ続けるのです。

今回は一人でしたが、複数人から批判されることも、もちろんあるでしょう。複数の家の玄関に私の悪口が書いてあると思うと、外に出るのが怖くなってしまいます。どの道も歩けなくなって、家に引きこもってしまうでしょう。

芸能人の方が、SNSの書き込みが原因でこころを病み、活動休止に追い込まれるケースは少なくありません。

最悪のケースでは命に関わる事態にもなりますが、私にはそれが、「嫌なら見るな」と世間が正論を突きつけた結果、その人は身動きが取れなくなり、自分のこころを閉じてしまったからだと思えてなりません。

これほどまでにSNSが私たちの生活の一部になった今、見たいもの、知りたい情報だけを目にするのは不可能です。

「閲覧注意」と前置きしてくれる親切な投稿ばかりではないように、「あなたの悪口が書いてあるから読まないでね」なんて前置きする投稿もありません。

SNSはもはや、「傷つくなら見なければいい」で済むツールではなくなってしまったのです。

そんなＳＮＳ時代に必要なのは、やはり「見てしまったものを受け流すスキル」です。

悪口を言われても気にしない人は、「ま、いいか」と気持ちの切り替えが上手なのですが、気にしてしまう人は、受け流すことができないから、いつまでもウジウジしてしまうのです。

ではここで、批判的なＳＮＳを見てしまったときの対処法をお伝えしましょう。

なぜ傷ついたのか、傷ついた部分を分析する

自分の批判を分析するのは、それと向き合わなければならないので、多少しんどい作業かもしれません。ただ、向き合うだけで受け入れないことがポイントです。

コミュニケーションは会話のキャッチボールです。自分の取れるボールをキャッチすればいいのであって、傷つくおそれのある強力なボールには、無理して手を出さないことが鉄則です。

まずは、相手が投げたボールがどこに飛ぶのかを観察しましょう。

そして次に、相手から飛んできたボールの何が嫌なのかを考えてみましょう。

強くて怖かったのか、それとも泥がついていて汚れるのが嫌だったのか……。

私の場合は、新聞に載って喜んでいる自分を「バカ」と言われたことよりも、その知人が私の悪口を書いたことがショックでした。

同じ内容を、別のあまり親しくない知人が書いていたらどうだろう？　と想像してみましたが、私から遠い存在であればあるほど、ショックの度合いは小さくなり、全く知らない人に「バカみたい」と言われても「ふーん」ほどにしか感じないだろうと思えたのです。

こう分析することで、私は自分で思うよりも、その知人のことを好きだったんだな、と自覚できました。好きだったからこそ、悪口を書かれたことがショックだったのです。

私が好きだった人は、私のことをさほど好きではなかった。

この結果にたどり着いたとき、それを自然と受け入れ、ショックな気持ちが昇華していることに気づきました。

ショックを受けているのは、自分でも「なぜ？」という気持ちがぬぐえないから。その「なぜ？」がわかれば、人は案外、冷静になれるものです。

Don't worry!
04

悪口を言われても、あなたの価値は下がらない

嬉しいことがあると、「よし！　今日も一日頑張るぞ！」と気合が入り、何事もうまくいくような気がするのに、悪口を言われると、何も手につかなくなる「思考停止」に陥ってしまいますよね。

これには、人間の脳の構造が深く関係しています。

脳は、自分に不利な情報を受け取らないようにプログラムされている

心理学の言葉で、「**確証バイアス**」というものがあります。

これは、自分で正しいと思うことや、自分にとって都合のよい情報だけを集め、それ以外の情報はあまり記憶に残さないという脳の性質のことです。

身近なものでは、血液型占いがそれにあたります。

A型は几帳面で真面目、B型はマイペースで個性的、O型は大雑把、AB型は二面性が

ある……。これは各血液型に対する一般的な認識ではあるものの、その一方で血液型と性格の関連には、科学的な根拠はないとも言われています。

私はA型なのですが、お菓子の袋ゴミはおみくじのように小さく折りたたみます。そのまま捨てるよりも、折りたためばかさが減るからです。

私のそんな行動を見ると、たいていの人が「やっぱりA型だね」と言うのですが、これこそが「A型は几帳面である」という確証バイアスです。

一方で、私はモノを片づけるのが得意ではありません。使ったハサミをそのまま放置することは日常茶飯事。車の鍵もしょっちゅう行方不明になっています。ですが、これは血液型占いで言うところの「A型は几帳面」には当てはまらないので、「片づけが苦手」という印象を持たれることはあまりありません。

このように、日常のいたるところで確証バイアスが働き、人の脳は自分の思い込みとは逆の情報や、自分に不利な情報を受け取らないまま過ごしています。

悪口というのは、たいていが自分の予想外のシーンで起こるもの。脳は自分に不利な情報は受け取らないようにプログラムされているのに、プログラム外のことにバグが起きて思考停止してしまうのです。

思考停止したままでは、ショックから抜け出せない

一年ほど前に話題になった、「人生初の高級バッグ」という投稿があります。ある外国人女性が、父親に買ってもらった新しいバッグをSNS上に「人生初の高級バッグ」と紹介しました。すると「どこが高級なの?」「ファストフードを高級レストランと呼ぶのと同じ」などという、思わぬ批判が多く届いてしまいました。

そのバッグの値段は、日本円で8千円程度。

投稿した女性は、まさかこの投稿に批判が届くとは思ってもみなかったと言います。

多くの人が、批判が届いた時点で思考停止してしまうでしょう。心臓がバクバクして、何も手につかなくなり、眠ることもできなくなるでしょう。せっかくもらったバッグなのに、見るのも嫌になってしまうかもしれません。

でも、この女性は違いました。

女性は、「なぜみんなは私の投稿を批判したのだろう」と、自分の投稿と、それに対する批判コメントに向き合ったのです。

そして、ある結論に達します。女性にとっての8千円の価値と、批判をしたユーザーにとっての8千円の価値は、全然違っていたのでした。「批判をしたユーザーは、何十万もするようなバッグこそが高級バッグだと思っていた」と結論を出し、彼女なりの考えとともに冷静に反論しました。

「あなたたちにとってこのバッグは高価なものではないのかもしれませんが、裕福ではない私や私の家族にとってはとても高価なものです。父がすごく頑張って働いて得たお金で買ってくれたものだから」

この女性のように自分への批判と向き合わなければ、女性は思考停止したまま、ただ傷ついていただけでしょう。

「私のことをみんな嫌っているんだ」

「あの程度で喜ぶなんて、格好悪くて恥ずかしい」

などと、違う解釈をしてしまっていたかもしれません。

思考を働かせ、第三者の視点で批判を読み、どの点が注目されているかを冷静に分析したのは素晴らしい対応でした。

「私は悪くない！　悪口を言うやつが悪い！」

と思うほうが精神的には楽ですが、毎回、思考停止してごまかしながら生きていくのは、メンタルをすり減らしていくのと同じこと。

「彼らの言うことはどういう意味なんだろう」と、勇気をもって一歩踏み込んでみましょう。

この方法を続けていくと、悪口への耐性がつくばかりか、自分のコミュニケーション能力のアップにも繋がります。

思考停止から抜け出すコツ

①悪口を言われるほうに非は全くない前提で考える
「悪口を言われるということは、私が悪いんじゃないか……」

これは間違った考え方です。こう思うだけで、どんどん自己肯定感が下がります。

いくら完璧に見える人にだって、見つけようと思えばいくらでも悪口のネタは見つかります。

言われる人が悪いから悪口が出るのではなく、**誰かが悪口のネタを見つけるから悪口が出る**のだということを、大前提としておきましょう。

②外に出る

外に出て、気分転換をしましょう。

いつも過ごしている空間では、目に入るもの、耳から聞こえる音のほとんどが慣れ親しんだものばかり。

視覚や聴覚の刺激が足りないので、悪口が脳内をいっぱいに埋め尽くしてしまいます。

外に出て、自然の音を聞き、いつもと違う景色を見て、五感に刺激を与えてあげましょう。脳内を占める悪口の割合が少しずつ減り、気分転換になります。

③誰かに話す

悪口を言われていると打ち明けるのは、勇気のいることです。ですが、誰かに話すことで頭の中が整理できるし、自分では思いつかなかったような答えが返ってくるというメリットがあります。

こころの中にある不安や悲しさ、モヤモヤなどのネガティブな感情を話すことで、すっきりした経験はありませんか？

これを心理学の言葉で「**カタルシス効果**」と言います。

一人に話すだけでも効果は十分にありますが、もし可能ならば数人に相談してみましょう。嫌なことは人に話せば話すほど忘れるのが早くなります。

最初のほうは細かくアレコレ説明していても、何度か話すうちに省略して話すようになり、だんだん面倒になればしめたもの。「いろいろあったの」で済ませられたら、もうあなたのこころにあるモヤモヤは、ずいぶんと軽くなっているはずです。

自分の価値は自分で決めるもの

私は、県内の中学や高校で講演をすることがあります。

そんなとき、必ず披露する鉄板ネタがあります。

おもちゃの1万円札を用意し、生徒さんに尋ねます。

「みんな、この１万円札が本物だとしたら、欲しい？」

ノリのいい生徒さんがいると、「欲しい！」「課金する！」「何か買う！」と口々に答えてくれます。

そこで私は、１万円札をパシッと叩きます。

「私は今、この１万円札を叩きました。さて、叩かれた１万円札だけど、欲しいかな？」

生徒さんは変わらず「欲しい」と言います。叩かれる前も、叩かれた後も、１万円札に変わりはないからです。

次に私は、１万円札を握りつぶします。

「私は今、この１万円札を握りつぶしました。見て、ほら。こんなにくちゃくちゃ」

手のひらでぎゅっとつぶされて小さくなった１万円札。それでもみんな「開いたら使える」などと言い、やはり「欲しい」と言います。握りつぶされる前も、握りつぶされた後も、１万円札には変わりはないからです。

今度はその丸まった１万円札を床に落とし、足でドンドンと踏みつけます。

「この１万円札を踏みつぶしました。叩かれて、握りつぶされて、そのうえ私に踏まれてぺちゃんこになった１万円札。欲しい？」

生徒さんは笑いながら答えます。

「欲しい！」

踏まれる前も、踏まれた後も、１万円札に変わりはないからです。

私はおもむろに１万円札をひろげて……。

「じゃあ私、今度はこれをこうするね」

叩かれて、つぶされて、踏まれてくちゃくちゃになった１万円札を、ビリビリと何枚にも破ります。

「破ってやった。この破られた１万円札ならどう？　欲しい？」

ここで、数人の生徒さんは「え、使えないからいらない」という反応をしますが、必ず誰かがこう言ってくれます。

「銀行！」

「そう！　銀行に持っていけば、新しい１万円札と交換してくれるね！」

そう言うと、先ほど「いらない」という反応をした生徒さんも「じゃあ欲しい」と言います。

叩いても、くしゃくしゃに丸めても、踏みつぶしても、破いても、１万円の価値は変わ

１万円札の価値は？

りません。

叩かれても、ぐしゃぐしゃにされても、踏みつぶされても、ビリビリにこころを破られても、人の価値だって変わらないのです。

このことを伝えたくて、私はいつもこのパフォーマンスをします。

講演後のアンケートには「誰かに何かをされても、自分の価値は下がらないということがわかった」「1万円札の話が一番こころに残った」という感想をもらえます。

ときどき、「人間を殴っても蹴っても価値は変わらないから、何をしてもいいってことだ」と、こちらの意図とは違う受け止め方をする子がいるのも事実ですが、そう受け止めること自体が「認知のゆがみ」であり、その子からのSOSであると考えています。

人は、悪口を言われたら価値が下がるのでしょうか？

そうではありません。

悪口というのは、誰かが勝手に自身の主観で言うことです。

猫を見て「かわいい」と言う人もいれば、「汚い」と言う人もいるように、人は自分のモノサシで勝手にいろいろなものを測り、好き勝手に言っているだけなのです。

悪口を言われてこころが折れてしまう人は、その多くが自分で自分を「価値がない」と思い込んでいるので、常にその思い込みが正しいかどうかの答えを探しています。

だから悪口を言われると「やっぱりそうだ！　自分で価値がないと思っていたけど、他人から見ても価値がないんだ」と、正解を見つけたような気持ちになり、その悪口にどんどん捉われてしまうのです。

自分で自分の価値を下げているならば、自分で自分の価値を上げることもできるはず。

「そんな……。私には価値なんてありません」

と、みなさんおっしゃいますが、次のことを毎日するだけで、必ず自己肯定感を上げることができます。

自己肯定感を上げる毎日の習慣─鏡に向かって笑顔を作る

毎日、顔を洗ったり化粧をしたりして使う鏡ですが、自分の素の表情を見ているだけではもったいない。鏡を有効活用して、毎日笑顔を作ってみましょう。

脳は楽しいから笑うのではなく、笑うから楽しいと認識するようにできています。脳に「楽しい」と認識させるためのスイッチは、目の少し下の、頬骨のあたりにあるので、この部分が動くぐらい表情筋を使って笑顔になることがポイントです。

自己肯定感が低いうちは、自分の笑顔さえも気持ちが悪いと思ってしまいますが、どうせ誰も見ていないのですから大丈夫。毎日、笑顔の練習をしましょう。

慣れてきたら、笑顔を自撮りするのをおすすめします。

鏡で見るだけよりもハードルは高いのですが、自撮りのほうが効果は大きいです。このときに注意したいのが、あくまでも撮るのは笑顔であってキメ顔ではないということです。

おそらく、ほとんどの方がキメ顔で写真を撮ることに抵抗感は少ないでしょう。集合写真や証明写真などで、キメ顔には慣れているからです。

ですが、キメ顔を撮っていては意味がありません。笑顔であることが重要なのです。

最初は全く笑顔が作れなくても構いません。

少しずつ、口角をあげ、目の周りの筋肉も使い、最終的には歯を見せてはじける笑顔で自撮りをしましょう。

実はこの「笑顔の自撮り」、YouTube講演家の鴨頭嘉人さんが主宰する「話し方の学校」で課された宿題でした。

私も最初は、キメ顔・キメ笑顔で撮っていました。他人の評価が気になって、こころからの笑顔を作れなかったのです。

それでも毎日笑顔の自撮りに取り組んだ結果、気がついたら自己肯定感は上がっているし、何よりも周囲から「笑顔が素敵」「いつも楽しそう」「頼りになる」などと言われるようになったのです。

どの角度で、どの背景で、どの表情で撮ればいいのかを考える。
撮った笑顔を自分の目で見て認識する。

この流れが、自己肯定感アップにとても効果的なのです。

Don't worry!
05

悪口について改めて考えてみる

「悪口」によく似た意味を持つ言葉で「愚痴」というものがあります。

「ちょっと愚痴聞いて」

「愚痴を聞いてもらったらすっきりした」

などのように、「愚痴」と称して人にネガティィブな話をするのはよくあることです。

「悪口」は避けるべきですが、適度な「愚痴」は毎日のガス抜きには必要です。


ただ、このふたつを混同したままではいけません。

「悪口はよくないから、言わないようにしよう」

と思いすぎて、自分の感情を外に出さないでいると、メンタル疾患を引き起こすこともあり得ます。

また、自分は愚痴のつもりで話していたことが、他人には悪口だと受け止められ、「あの人は、他人の悪口ばかり言う人だ」とマイナスな印象を与えてしまうこともあります。

「愚痴」と「悪口」の違いを知り、強いメンタル作りに役立てましょう。

愚痴と悪口の違いその①

愚痴：自分の感情を吐露するのが愚痴

悪口：他人の行動を批判するのが悪口

愚痴とは、自分の感情を吐き出すものです。

ストレス解消が目的である場合がほとんどで、不満に思っていることや、不平に思っていることに対して、その気持ちを言葉にすることです。

「Aに、あなたは雑な人だと言われた。私は丁寧なつもりだったから、ショックだった」

「絶対に内緒にしてねとお願いしたのに、口外されて腹が立つ」

これらの内容は、「自分」を主語にした感情の吐露なので、愚痴であって悪口ではありません。

聞いた人は、きっと「それは大変だったね」となぐさめてくれるでしょう。

それに対して悪口とは、相手をけなしたり、批判的な言葉を投げつけたりすることです。

「Aに雑な人だねって言われた。Aだって他人のことは言えないくせに!」

「絶対に内緒にしてねとお願いしたのに、口外された。あの人は口が軽い」

これらは「他人のことは言えないくせに」「口が軽い」などと、相手の行動を批判しているので悪口にあたります。

聞いた人はきっと、「自分だって他人のことは言えないんだから、悪口を悪口で返さないほうがいいのに……」と思うでしょう。


悪口と愚痴の違いが今ひとつ区別できなかったら、主語を意識してみるとわかりやすいです。

「私は、こう思った」

と、自分を主語にして言い換えられるのが、愚痴。

「あの人は、こういう人だ」

と、他人が主語になるのが、悪口です。

愚痴と悪口の違いその②

愚痴：相手を傷つける意図はないのが愚痴
悪口：相手を傷つける意図があるのが悪口

愚痴は、自分の不満や苦痛を言葉にすることです。

相手を責めたり、傷つけたりするよりも、ネガティブな感情を抱いた自分へのなぐさめを求めていることが多いのです。

誰かに愚痴を言うことで、「うんうん、あなたの気持ちとてもよくわかるわ」などと共感してもらったり、「こうしてみたらいいいんじゃない？」などと問題解決のためのアドバイスをもらったりします。

このように、愚痴はコミュニケーションの手段のひとつでもあります。

一方で悪口は、相手を傷つける意図を含んでいます。

相手を傷つけたり攻撃したりするために、見下すような態度や言葉遣いをします。

また、「口が軽い」「態度が大きい」などと、相手の批判を他の誰かに言うことで、相手の評判を下げようとしています。

「バカ」「キモイ」「ウザイ」「死ね」などの罵詈雑言は、悪口の中では汎用性が高いので、気軽に使われます。きちんとした根拠がなくても、てっとりばやく相手を批判できるのです。

愚痴と悪口の違いその③
愚痴：明確な理由があるのが愚痴
悪口：特に明確な理由はないのが悪口

「頼まれたことをやっただけなのに、文句を言われた」

理不尽なことで注意を受けたら、腹が立つのは当たり前です。

逆を言えば、ストレスを感じる出来事がなければ、愚痴は出ません。

対して悪口というのは、特別な出来事やきっかけがなくても作られます。

「あの人って、前から思ってたんだけど……」

というような場合がそれで、なんとなく嫌いだから、なんとなく気に入らないから、と

海の底には
腕組みした幾千もの鬼たちが
この地球《ほし》の怒りを抱いて
ひしめきあっているのだ

夕陽はふたつ折れになり
ひしゃげた釘の形
つまんで海に投げ込んだら
じゅっと音がしてたちまち世界が昏くなる

への展開。一見取るに足りない平凡な用語法に徹しながら、現代の世界構造の内にひそむ温暖化による地球環境の破壊、人類のエゴイズムがもたらしつつある危機にたいする自責の念など、するどい批評の目がはたらいているのを見逭してはなるまいと思う。いずれにせよ前詩集『子盗り』に継いで、ねばり強く獲得した現実認識をふくめた方法意識によって、あらたな到達点に達した。この結実をさらなる明日へ。尽きることはあるまい。

髙橋冨美子詩集・夢泥棒・栞・二〇二一年三月・思潮社

るところの地平から横一列になって響きわたる。ひでぼーが泣けばそのまま飼い主をなくした犬につながり、物陰に沈むオートバイにもつながる。ここでは私たちは私たちの日常生活の深いところでつながっている負の連鎖を思ってみるのもよいだろう。「跳ねる」になると今度は歪みの連鎖が対象化する。ここで画布を前にした痩せっぽっちの少年に、「ヨハネ黙示録」のこの世の終末を告げる七人のラッパ手（天使）のひとりを擬してみるのも可能だろう。といって絶望のうたではない。どこか楽天的なしたたかなところがあって読み手を安堵させる。この詩人の早くからある持味のひとつといってもさしつかえあるまい。

　といったからといってあっけらかんとしているわけではない。第三詩集『塔のゆくえ』から第四詩集『子盗り』まで七年、さらに今回のこの詩集まで九年が流れた。この点では寡作型の詩人といってしまってよい。その分先にものべたとおり編むことへのこだわりなど詩的生活を堪能させて足腰のつよい詩人になり、芯のある詩集になった。バラエティにも富む。「Fermentation」などはどちらかといえば思想詩のひとつととってもさしつかえないと思う。〈この地球《ほし》の／腐敗への道筋知るすべもなく／どこかで崩れる音〉こそを聞き洩らしてはいないからである。さらには「くびれて」のたとえば宮澤賢治の〈ペンネンネンネンネン・ネネム〉など、童話の世界を思ってもよいが、現代詩の世界ではめずらしい。何でもないところからリズムをもった音を誘い出し、そのまま誘導役を演じさせる面白い作品となった。さらにこの詩、意味としてもそこに描かれている現実とは、台風で一時緊急停車を余儀なくされている電車を軸に、そこで自転他転している、読みようによってはリアルなアクション詩の要素もみたしている。

思えば前詩集『子盗り』の前あたりから、折にふれ髙橋さんとは遇う機会もふえているが、今ゲラ稿をめくりながら、こんな作品集成になるとは開く前までは思ってもいなかった。たぶん編む行為にたっぷり時間をかけたからだろう。一篇一篇がたがいに索制しあって、詩集としての独自な魅力を高めている。今少しページを繰っていこう。

「緯度」では主役は〈あんぎゃんぎー〉になる。なんとこの〈あんぎゃんぎー〉、いたるところの事故爆発でうす汚れた包帯姿のすでに三度も死んだ存在。それを待ち受けるのは罪深いワタクシタチ。罪深いとは何を指すだろう。〈あんぎゃんぎー〉の困難に何の助けもしなかったということだろう。ただ作者が罪深いワタクシタチのひとりであることだけはたしかである。「こんな夜には」で主役をつとめるのは今度はオノマトペそのものである。ぼおおという音声はいた

冴えた用語法にひそむ批評のたしかな目――『夢泥棒』の魅力

倉橋健一

「日本語は一音ずつ、〇〇〇〇〇〇〇〇〇〇〇〇〇〇〇〇〇〇〇〇〇…と続いていく言語だった。母音、あるいは子音と母音との組み合わせで形成される一音一音が、雨だれの水滴のように際限なく繰り出されてゆく形態を思い浮かべたい」

とは、私のなかにこびりついている藤井貞和さんの『〈うた〉起源考』の一部だが、今度髙橋冨美子さんのこの詩集を読んで、なぜかこのことがしきりに思われてならなかった。まず冒頭の「まだそこにいる」だが、すでに端的にしめすとおり、ここでは主語そのものが、通常私たちに馴染みのオノマトペに近い用法でつかわれて、さらに終連〈のある　のある／のある〉で、そのまつぎにはほんとうの七五調のオノマトペそのものと転じて閉じられる。おまけに面白いのは、そこから四連の〈川の水があふれだす／のお　のお〉のあとでは、主語でなくなって本来のオノマトペになってしまうなど、小品の割には手の込んだスリリングな成り立ちをしめしている。主語〈ののあある〉だけなら、いう「なんとなく」から出てくるのが悪口です。

明確な理由がないので、悪口のネタは無限に出てきます。悪口大会が終わらないのはこのためです。

愚痴と悪口の違いその④

愚痴：言っている本人がかわいそうに思えてくるのが愚痴
悪口：言われている人がかわいそうに思えてくるのが悪口

「怒られた」「嫌なことを言われた」「ストレスを感じた」など、話している人に対して「辛かったんだね」「かわいそうに」「気にしないで」と思ってしまうような内容が、愚痴です。

一方で悪口は、「あいつムカつく」「頭がおかしいんじゃない」「人として終わってる」などと言われている人に対して、つい「それは言い過ぎだ」「相手がかわいそう」「そこまで言わなくても」と思ってしまうような内容です。

愚痴はどうしても相手の同情を誘うことになるため、時には「鬱陶《うっとう》しい」「面倒臭い」と思われることもあるかもしれません。

言い過ぎはよくありませんが、適度に愚痴を吐いて、自分の中にストレスをためないことは、日々生きるうえでとても大切です。適度ならば、愚痴を吐くことは「私を信頼してくれたんだ」と相手に「頼られ感」を与えることでもあり、お互いの絆は深くなります。

ですが、人の悪口は、相手を傷つけるだけでなく、自分自身の信頼性や社会的価値を下げる行為です。

悪口を聞いた人は、「この人は、違う人に私の悪口を言っているかもしれない」と思うでしょう。それがあまり親しくない人であるほど、「あまり親しくない私にそんなことを軽々と言うんだ」と、軽薄な人だと思われてしまいます。

愚痴を吐いてもいいけれど、悪口は言わないほうがいいのです。


「そんなことはわかりきっているけれど、やっぱりどうしても言ってしまいたくなる」

というときもありますよね。

この本を読んでいるみなさんの中で、悪口を一切言ったことのない人はいますか？

「私はこれまで、一切悪口を言ったことはありません！」

と言い切れる人がいたとしたら、その人はおそらく、「自分が悪口を言っている自覚がないだけ」です。

あなたが悪口を言ったとき、いったいどのような気持ちでそれを言ったのかを思い返してみてください。

たとえば、信頼していた人に裏切られて、

「あいつは私を裏切った！　最低な奴だ！　あんな奴は人間じゃない！」

と言ったことがあるとしましょう。

これは、言葉だけを見れば、相手をののしる言葉を並べただけの「悪口」ですが、そこには「愚痴」が隠れているということにお気づきでしょうか。

「愚痴」とは、自分の感情を吐き出すことでしたね。

この場合は、「信じていたのに裏切られてとても傷ついた」という気持ちが隠れています。

それを何らかの理由で素直に出せないときに、隠れ蓑《みの》にするのが「悪口」です。

悪口は、本当の気持ちを隠すための二次感情

二次感情を説明する前に、まず一次感情を説明しましょう。

一次感情とは、物事に対して私たちが最初に感じる感情で、人間の本能的な感情のことです。

コロンビア大学の心理学者、ロバート・プルチックは、人間には8つの基本感情があると提唱しました。

プルチックによる基本感情

喜び：達成感や感謝などの、さわやかな気持ち

信頼：心配なく、信じて安心した気持ち

恐れ：危険や危機を感じている気持ち

驚き：予期しない出来事に驚く気持ち

悲しみ：喪失感や絶望感などの気持ち

嫌悪：不快感や嫌悪感などの気持ち

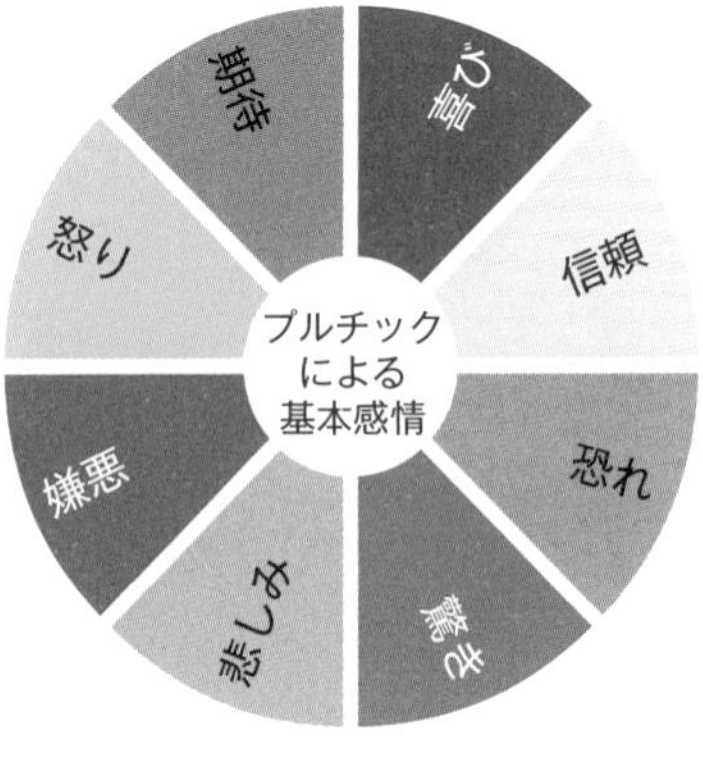

怒り：不愉快で苛立つ気持ち
期待：希望を持って待ち望む気持ち

私たちが何か外部からの刺激を受けたときに起きるのがこの８つの感情で、これを「一次感情」といいます。
この８つの感情のうち、ふたつ以上がミックスされてできるのが「二次感情」と言われるものです。組み合わせると次のような感情が生まれます。

ふたつの一次感情がミックスされてできる二次感情

喜び＋信頼＝愛
信頼＋恐れ＝服従
恐れ＋驚き＝畏怖（恐れおののく、たじろぐ）
驚き＋悲しみ＝拒絶
悲しみ＋嫌悪＝後悔

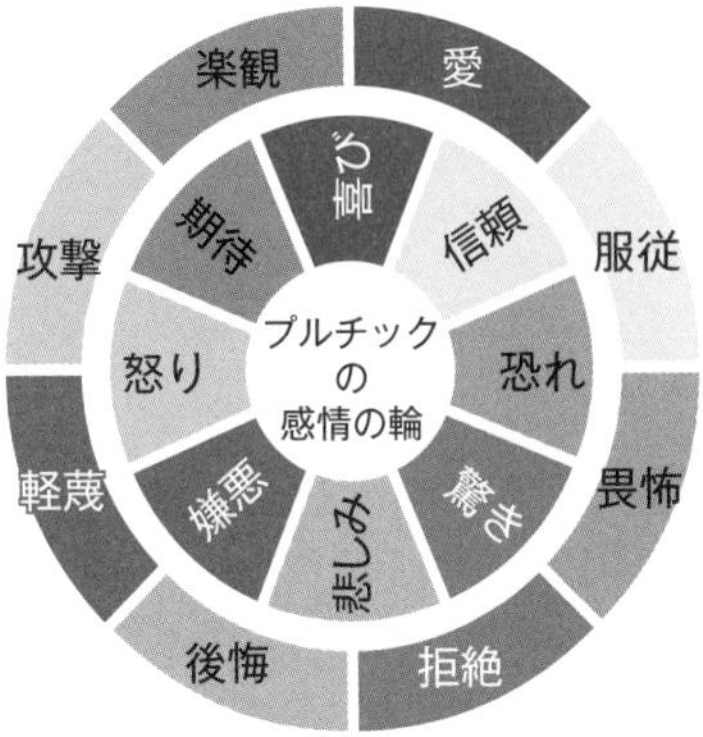

嫌悪＋怒り＝軽蔑
怒り＋期待＝攻撃
期待＋喜び＝楽観

「なんでこんなことができないの！　前にも説明したはずでしょう！」

と怒鳴るシーンを想像してみてください。

これは「あなたには説明したから、もうできるはずだ」という「期待」と、「説明したのになぜできていない！」という「怒り」のふたつの感情がミックスされて、「怒鳴る」という「攻撃」になって表に出てきている、というわけです。

私たちにとって、「二次感情」というのは、コミュニケーションを図るうえでごく当然のものです。

悪口にもこれは当てはまります。

「Aって二股かけてるんだって。最低だよね。人として終わってる」

この悪口は、Aを最低と言っているその裏で、「嫌悪感」と、「不愉快（怒り）」がミックスされて「軽蔑」になっています。

一次感情だけであれば、

「Aが二股をかけていることに嫌悪感がある」

「Aが二股をかけているのが不愉快である」

という愚痴になるのですが、ふたつがミックスされるので「人として終わってる」という悪口になってしまうのです。

あなたが言った悪口には、いったいどんな一次感情が潜んでいたのでしょうか？

まずは自分の一次感情を分析するクセをつけましょう。

そうすることで、誰かの悪口を聞いたときも「本当は期待していたんだろうな」とか「驚いているんだな」などと、簡単に推測できるようになり、悪口を「感情」ではなく「出来事」として受け止められるようになるので、メンタルが楽になります。

Column 1

あ、犬が吠えてるな

犬に吠えられたときは、ただ、「犬に吠えられている」と考えますよね。

「なぜ、この犬は私に吠えるんだろう？」

「私の行いの何がいけなかったんだろう？」

「どうしたら吠えなくなるだろう……」

などと、くよくよといつまでも考え込むような人は、おそらくいないと思います。

翌日も、翌々日も、「なぜ、あの犬は私に吠えたんだろう……」とショックになる人もいないと思います。

悪口なんて、その程度のものです。

ひろゆき

（ダイヤモンドオンライン2021．9．12）

かつて日本最大級の匿名掲示板であった「2ちゃんねる」開設者で、元管理人の「ひろゆき」こと西村博之さん。

彼はしょっちゅう他人のことを「頭が悪い」「無能」などとこき下ろすため、その発言が取り上げられて悪口を言われやすい人物です。

そんなひろゆきさんから見習いたいのは、「他人に悪口を言われても一切気にならない」という強靭《きょうじん》なメンタル。

確かにひろゆきさんの言うように、悪口を言う人を「犬」に置き換えると、さほど大したことではないと思えてきます。

たとえば仕事に行く途中で、牙《きば》をむいて「ワンワンッ！」と吠えてくる犬がいたとしましょう。

犬に吠えられて「わぁ、かわいい犬だなぁ！　吠えられて嬉しいなぁ！」と思う人はほとんどいません。

では、その犬に吠えられないために、あなたは明日からどうしますか？

犬の喜びそうなおやつを持っていって、吠えられそうになったらご機嫌を取る？

それとも、犬に「どうか吠えないでください」とお願いする？

「どうして僕に吠えるのか理由を教えてください」と話し合いに持ち込む？

どれもバカげた選択肢だということは、言うまでもありません。

答えはひとつ。

単に、その道を通らなければいいだけのことです。

私たちは、犬が吠えるのを止めることはできません。

吠えられるのが嫌ならば、近づかなければいいだけです。

ひろゆきさんは、犬について自身の YouTube でこうも言っています。

「誰かが犬のしっぽを踏みました。

で、その犬は僕が踏んだと勘違いして僕に吠えるとするじゃないですか。

でも僕は、踏んだのは僕じゃないので、べつに犬に対して謝ったりしない。

その犬に対して『僕じゃなくてあいつだよ』って言ったとしても、犬はその言葉も理解できないから、僕に対して吠えているっていう状況は『まぁしょうがないよね〜、犬には言葉が通じないし』って思える。

だから、言葉が通じず、物事が理解できない人がいたとしても、この人は『そういう理解をする人なんだな』というだけで終わり」


犬は犬なりに何か吠える理由があるのでしょうが、それを私たちが真剣に考えて、悩んだり苦しんだりする必要は全くありません。

あなたがその犬を避けたところで、その犬は前を通りかかっただけのほかの誰かに、また同じように牙をむいて吠えるのです。

しつけのできていない犬ほど、無駄吠えするものなのです。

さあ、「犬」を「あの人」に。そして「吠える」を「悪口を言う」に置き換えて、もう一度読んでみましょう。

Don't worry!

Chapter 2

悪口を言われても絶対にしてはいけないこと5つ

Don't worry!
01
感情的になる

誰かに悪口を言われて、冷静でいられる人は多くはありません。「ふーん、そうなんだ」と表では平然を装っていても、こころの中ではショックを受けたり、傷ついたり、さまざまなネガティブな感情が出てきます。

ネガティブな感情は、ポジティブな感情の何倍ものエネルギーを持っているので、それを自分でコントロールするのは難しく、時には暴走してしまうこともあります。

小さい子どもが、気に入らないことがあると、泣きわめいたりすることがありますよね。これは、感情でしか周囲の大人を動かせないと知っているから。

子どもは、産まれてから数年間は、自分の気持ちを的確な言葉で表現することができません。泣いたり怒ったりして感情を示せば、周囲が機嫌を取ったり、泣いている理由を探ろうと努力をしてくれます。これが「周囲を動かす成功パターン」となり刻み込まれます。

成長するにつれて、感情を言葉で表したり、自分の中でぐっとこらえたりできるようになるのですが、この「周囲を動かす成功パターン」はとても簡単で便利なので、大人になってもなにかと使いたがる人はいます。

私たちはこのように、泣いたり怒ったりして主張を通そうとする人のことを「感情的な人」と呼んだりします。つまり、「感情的」というのはそういう性格なのではなく、「感情を頻繁に利用している」ということなのです。

小さな子どもがダダをこねるのは「子どもだから仕方がないな」と思えるのですが、大人になれば話は別です。

人間は、言葉で感情を伝えることができる動物です。感情に支配されるのではなく、感情をうまく利用する、と考え方を変えてみましょう。

Q 感情的になり「なんでそんなこと言ったの!?」と相手に詰め寄ってしまいました

建設現場で働くFさんは、職場の同僚に悪口を言われていたのを知り、大勢の前にもかかわらず「なんでそんなこと言うんだ!」と大声で怒鳴ってしまいました。「思わずカッとなってしまって……」と後悔していましたが、やはりこれはよいことではありません。

Fさんは喜怒哀楽の振り幅が大きいと言います。特に、自分の思い通りにならない場合に感情的になりやすく、このように職場で衝突することもしばしばあるのだそうです。

Fさんは仕事のステップアップを控え、「怒りのコントロール」を身につけたいとやってきました。

感情的になると、衝動的な行動をとってしまいます。Fさんの場合で言えば、大勢の前で怒鳴る、というのがそれです。アメリカをはじめとする海外諸国では「人前で怒鳴る」ことは最悪の行為で、特に、ビジネスシーンでは「感情をコントロールできない人」というレッテルを貼られてしまうのだそうです。海外諸国でNGというのが驚くべきことなのではなく、日本ではそれが許されているのが異常ですよね。

感情的な人というのは思考経路が幼稚です。「泣いたら要求が通る」、「怒鳴ったら周囲が黙る」、など、物事を自分の思い通りに進めるために、感情という簡単な手段を選んでいるのです。

たとえば、幼稚園の子どもがおもちゃを欲しがってダダをこねていたとします。そこで「ダメなものはダメ！　うるさい！」と大声で怒鳴り、睨みつけたとしたら、その子はしぶしぶおもちゃを諦めるでしょう。時間は数分しかかかりません。でも、その子どもに「このおもちゃは、今日は買わないよ。お誕生日のプレゼントとして買ってあげるから、それまで待とうね」と言葉で説得するのは至難の業です。子どもは思考がまだ短絡的なので、今欲しいものを誕生日まで待つことはできないし、スーパーでお菓子は買ってくれるのになぜおもちゃは買ってもらえないのかを理解できないからです。

また、学生時代、よく怒る学校の先生はいませんでしたか？

チャイムが鳴ったのに席に着いていなかったら怒ったり、授業中によそ事をしていたら怒ったり、そんなことは日常的によく見る光景ですが、先生は怒らなくても言葉で伝えたらいいのです。それをせずに「怒る」という行動をとるのは、それが一番てっとりばやくて楽だから。

大声で怒鳴られたら誰でもビクッとします。怖いな、また怒鳴られたら嫌だな、と思うので、その場はいったん静まります。誰も納得しているわけではないけれど、とりあえず静かにさせれば、自分の要求を通しやすくなるので、怒鳴るという行為は楽なのです。

ですが、「怒る」という行為はエネルギーを消費します。怒ったあと、すっきり爽快な気分というよりは、「言い過ぎたかもしれない」と反省することもあれば、「あいつが私を怒らせたんだ」と、怒った理由を探そうとすることもあります。どちらも気分のいいものではありません。

また、感情的になる人は、どこにそのスイッチがあるのか周囲からはわからないので、「地雷」扱いされて人から距離を置かれてしまいます。「○○さんとは関わりたくない」と言われると、それだけ自分の人生経験のチャンスを失うということになります。

やはり、感情的に怒るという行為は、できるだけ避けたほうがいいでしょう。

悪口を言われたら、感情的にならず一回深呼吸をします。そして、次のことを考えてみましょう。

①人間関係を整頓するチャンスととらえる

あなたは悪口を言われたことで「もういい！　こっちだってあんな奴は願い下げだ！」

という気持ちになっているかもしれません。ですが、ちょっと冷静になって考えてみてください。あなたはその人と、絶縁したいのですか？

もし絶縁して二度と関わりたくないと思ったら、そのままスマホの電話帳とＳＮＳから相手をそっと消しましょう。何も言わなくていいのです。何も匂わせず、場を濁さず、静かにそこから立ち去ればいいのです。

もし、絶縁するほどではないと思ったら、悪口を言われたことをそっと胸の中にしまっておきましょう。本人はもちろん、他の誰にも言わずに、聞かなかったことにして記憶の引き出しにしまうのです。そしてできれば、二度と思い出さないように、きれいさっぱり忘れてあげましょう。

これまでと同じ人間関係を続けるかどうか決めるのは、相手ではなく、あなたです。

②言われた内容を分析してみる

自分に対するネガティブな意見を直視するのは、とても辛いことです。でも、どんな内容でも、いったんは受け止めて「本当に自分に非がなかったか」を考えてみるのです。

新しい心理学の分野で「ＮＬＰ」というものがあります。別名「脳とこころの取扱説明書」と呼ばれているもので、アメリカではオバマ元大統領をはじめとする歴代大統領や、日本ではイチロー選手が学んだとされている、自己向上のための心理学です。

そのＮＬＰの基本的な考え方として、「**相手の反応は、自分のコミュニケーションの成果である**」というものがあります。相手が怒ったら「怒りなさい」というコミュニケーションをこちらが取ったということ。相手が喜んだら「喜びなさい」というコミュニケーションをこちらが取ったということです。

この考え方に基づくと、相手が悪口を言ったのは、こちらが「悪口を言いなさい」というコミュニケーションを取ったということになります。まったく非がないと自分では思っていても、周囲には「あいつは嫌な奴だ」というように思わせていたかもしれないのです。

ここでは、分析するだけで、反省するのはいったん置いておきましょう。反省するとどうしても感情が入ってしまうので、事実だけを客観視してみるのです。

もう同じ悪口を言われたくないと思うのなら、次は悪口に繋がるような言動をしなければいいのです。自分が悪いと考えるのではなく、自分のコミュニケーションが間違っていた、と考えることがコツです。

③誰の問題かをはっきりさせる

悪口をシンプルに、「それは誰の問題なのか？」と考えてみましょう。

たとえば、

「Aってブスだよね！」

という悪口の場合、Aがブスであろうがなかろうが、周囲には全く問題がないわけです。Aの容姿の問題は、Aだけの問題であり、他人の関与することではありません。「私の見た目のことはあなたに関係ない」と言い切れるので、この例は「Aだけの問題」です。

「Bは酒癖が悪い。Bと一緒にお酒を飲むと、たいていろくなことが起きない。この前も散々な目に遭った」

この場合は、酒癖が悪いのはBの問題ですが、それによって迷惑をかけられた側の問題でもあります。「僕の酒癖は、君には関係ない」とは言い切れないので、「Bだけの問題」ではなく、「一緒にいる人の問題」にもなります。

「Cがウザイ」に至っては、Cの行動をウザイと感じている人の問題であって、Cには何ら問題はありません。「Cの問題」ではなく、「ウザイと感じている人の問題」です。

このように、悪口の内容を「誰の問題か」と分析してみることで、自分がどうすべきかが見えてきます。

自分だけの問題なら、スルー。相手だけの問題でも、スルー。自分と相手と、両方の問題であると感じたとき、自分の行動で改善できる点があると思えばいいのです。

Don't worry! 02

悪口を言い返す

悪口を言われると、

「いや、でも、あいつだって最悪なところあるじゃないか！」

と、相手の悪いところを指摘し返したくなるものですが、それはＮＧです。

「あの人だってこういうところあるよね」

と言ったところで、それを聞いた人はあなたに同意するでしょうか。

きっと「あ、負け惜しみだな」とか「負け犬の遠吠えだな」と、ネガティブに捉えられるだけですよね。

一緒に悪口を言い合うとすっきりしたように感じるかもしれませんが、それも一時的なもの。悪口を言い合った相手が、他の誰かに「あの子がこんな悪口を言っていた」と吹聴することもあるのです。

悪口を言われたら、言い返したい気持ちをぐっとこらえて黙っておきましょう。

Q 悪口に対してうまく言い返すにはどうしたらいいですか?

悪口を言われたら黙っちゃいられない! 何か言い返して、相手を黙らせたい!

そう思う方は多くいるでしょう。以前の私もそう思っていましたし、実際に言い返していたこともありました。

でもわかったのです。悪口に対して効果的なのは悪口を言い返すことではありませんでした。

悪口への対処法は、「無視」が最強です。

誰かと会話をしたりコミュニケーションを図ったりすることを、キャッチボールに例えることがありますよね。

私たちは、相手にボールを投げたら、相手が受け取ってくれることを無意識に期待しているし、相手がそれを自分に投げ返してくれることもまた、無意識に期待しています。

たとえば、「おはよう」と挨拶のボールを投げたら、相手がそれを受け止めて「おはよう」と挨拶のボールを返してくれるものだと思っているので、無視されると「挨拶もろくにで

キャッチボール、傷つく言葉はうまくかわして

きないやつだ」「無視された」と嫌な気持ちになります。

　これは挨拶に限らず、人間関係のどのコミュニケーションにおいても言えることで、悪口にも当てはまります。

　どういうことかというと、悪口というネガティブなボールを投げたら、相手も同じようにネガティブなボールを返してくる、と想定しているのです。

「お前は最低な人間だ」と本人に言ったとき、相手からは「そうですね、すみません」というボールが返ってくるのではなく、「なにを言う。お前だって最低じゃないか」などの攻撃的なボールが返ってくることを想定しています。

つまり、相手は悪口を言った時点で、同じようなネガティブなものが返ってくると構えているので、「次はこれを言ってやろう」「こうやって言い負かしてやろう」と、すでに二の次三の次まで準備をしていることが多いのです。

悪口を言われて、言い返して、また罵られて、また言い返して……。

売り言葉に買い言葉のような状態が続いて、円満に解決するでしょうか。「あなたの悪口を言ってしまってごめんなさい。私が悪かったです」と相手が素直に謝るでしょうか。そして、たとえ謝ってきたとして、あなたの気持ちは晴れるでしょうか。

悪口を言われて腹が立つのも十分わかりますが、ぐっとこらえて、無視をするスキルを身につけましょう。

どうしても言い返さないと気が済まないのなら、「貴重なご意見ありがとうございます」とだけ言えば十分です。相手を想定外のボールで拍子抜けさせておきましょう。

Q 悪口を言われたら言い返したくなるのはなぜですか？

ところで、なぜ人は悪口を言われると、「あいつだって」と同じく悪口で言い返してしまうのでしょうか。

私たち人間は、「相手から何らかの感情を持たれると、こちら側も相手に対して同じような感情が起こる」という心理メカニズムを持っています。

これを心理学では「**返報性の心理**」と呼びます。

「返報性の心理」には、「好意の返報性」と「悪意の返報性」の２種類があります。

「Ａがお前のこと好きみたいだぞ」

と友人から言われて、それまで気にも留めていなかったＡのことが、とたんに気になるようになった。もしかしたらＡのことが好きなのかも……。

これは「好意の返報性」で、良い感情を持たれたら、自分も良い感情を抱く、という心理です。

逆に、

「Aに嫌われているかもしれない」

と思うと、Aへの気持ちがちょっと微妙になってしまったことはありませんか？

このように、悪い感情を持たれたら、自分も悪い感情を抱くのが「悪意の返報性」です。


返報性の心理が働く理由のひとつに、自分を守る「自己防衛」があります。

他人から悪意や攻撃が向けられると、私たちは自分を守るために「反撃する」という本能が働きます。そのせいで、悪口を言い返したくなったり、攻撃を向けたりするのです。

悪口を言われて、「あいつだって人のこと言えないじゃないか」と悪口を言い返したくなったら、ひとまず深呼吸をしてこう考えましょう。

「これは、悪意の返報性が働いているだけだ。悪口を悪口で返すのはよくない」

悪口というボールが飛んできたら、無理してキャッチしなくてもいいし、わざわざ相手に投げ返す必要もありません。あなたはキャッチするかスルーするか決めることができるのです。

Q 悪口を言われても本人には言い返せません。SNSで書くのならいいですか？

言い返すのはよくない、それはわかった。でも何も言わないのは気が済まないから、SNSに書いてやろう！……と思う気持ちは、よくわかります。

でも、これもNGです。第1章でも書いたように、SNSは自分の家の玄関と同じ。誰がいつ見るかわからないので、悪口の相手が見る可能性だって十分にあるのです。

また、悪口というのはネガティブなエネルギーの塊です。人間の脳というのは、ネガティブな情報に強く反応するので、悪口を見た他の人々に不快感や嫌悪感を与えることになります。

さらに一番大切なのが、悪口をSNSに書くと、他の人からの信頼を失う、ということ。「Aの悪口を言う人は、必ずBの悪口も言っている」と、誰もが思うはずです。あなたのことも当然「よく人の悪口を言う人」と思うでしょう。

悪口をSNSに書くことで、見た人を不快な気持ちにさせ、さらには「この人は他人の悪口を軽々しくSNSに書く人だ」と信頼を損ねるのは、あまりにももったいないとは思いませんか？

たとえそれが、あなたが承認した人だけが見られるアカウントであったり、完全に匿名であなたの身元を誰も知らないようなアカウントであったりしても同じです。

ただ書きたいだけならば、鍵付きの日記帳にでもダラダラと悪口を書き連ねていればいいのに、わざわざＳＮＳに書くということは、あなたも「誰かに言いたい」という気持ちがあるから。

ここまで考えると、悪口を言った人と自分が、あまり変わらない感じもしますね。

やはり、悪口というのはどこにも出さないほうが賢明です。

Don't worry!
03

真に受けて自分はダメだと落ち込む

「悪口を言われると、そのことがずっと頭の中をぐるぐると回って、落ち込んでしまうんです……」

という方は、少なくありません。

この世から消えてしまいたい気持ちになったり、もう誰のことも信じられなくなったり、何も知らなかったときには戻れないほどに気持ちが暗くなってしまいます。

私が小学生の頃、交換日記がはやっていました。一冊のノートに他愛もないことを書いて、友達の間で回し合うのです。

ある日、私の机の中に、見覚えのないノートが入っていました。ノートの表紙には「JとSのマル秘交換日記」とタイトルが書いてありました。

JもSもクラスメイトだったので、二人の交換日記であることはわかったのですが、それがなぜ私の机に入っているのかわからず、私はノートを開きました。

すると……。ランダムに開いたページの何か所かに、なんと私の名前が書いてあるではありませんか。私は心臓が口から出そうになり、すぐにノートを閉じました。

じっくり読んだわけではないのですが、確かにそこには、私への悪口が書いてあったのです。

むかつくとか、なまいきとか、かわいくないとか、そんな感じだったと思います。今思えば小学生の悪口なんてたかが知れています。私も大人になったので、今なら笑い話でもあります。

それでも40年近くたった今もなお、あのときのことを鮮明に覚えているというのは、それだけ当時の私は傷ついたのです。

私はとても落ち込みました。JもSも、普段から仲よくしていて、私のことを嫌っているとは微塵も思っていなかったのです。

私は、一人でこっそり泣きました。誰にも話したくなかったので、親にも先生にも友達にも言いませんでした。大好きなミュージシャンの曲を聴いたり、本を読んだりして気を紛らわせました。それでも気分が晴れなかったので、自分のノートにJとSへの気持ちを書きなぐりました。

最初は「JとSなんて大嫌い」のように、二人の悪口を書いていたのですが、そんな言葉をノートに書くのも嫌になり、「もう二人と仲よくしない」や「JとSとは遊ばない」と書き、最後のほうは書くのも疲れて、二人のことがどうでもよくなり、書いたページをビリビリに破って捨てました。その後、JとSには、ノートが机に入っていたこと、それを少しではあるが読んだことを伝え、「私のことが嫌いなら、もう遊ばなくていい」と伝えました。

今、改めて思い返すと、この一連の行動は、落ち込んだときにとる行動としては大正解でした。

まず、私は泣きました。これは自分の「傷ついた」という感情を受け止める大切な作業です。ここで強がって涙をこらえたり、「見なかったことにしよう」「傷ついてなんかいない」と自分をごまかしたりするのは間違いです。

次に、私は音楽や読書に没頭しました。これはよい気分転換にもなるし、ぐるぐると同じことを考え続けるよりも、よっぽど有効な時間の使い方です。

そして、ノートに自分の感情を書き出しました。書きながら自分の思いを整頓でき、またこころの中のモヤモヤとした感情を吐き出せるので、カタルシス効果（こころの浄化作用）があります。そのページをビリビリに破いて捨てるなんて、最高のセルフセラピーです。

このプロセスがあったからこそ、ＪとＳに「私のことが嫌いなら、もう遊ばなくていい」と、自分の本音を伝えることができたのです。

さて、私はそのあと、ＪとＳと絶交したかといえばそうではありません。それまでのように、遊んだり手紙を回し合ったりすることはなくなりましたが、クラスメイトとしてうまく付き合っていたとは思います。寂しさも、後悔もありません。

この経験でわかったことは、「無理をしない」ということです。

自分が望まない人間関係は、無理をして継続しなくてもいいのです。

もちろん、ＪとＳに「私に悪いところがあったら直すから、これからも友達でいてほしい」と言うことも間違いではありません。必要なのは、行動と結果ではなく、その結果に至るプロセスなのです。

落ち込んだときの3ステップ

1　感情を受け入れる…泣いてもいいし怒ってもいい。感情にフタをしないことが大切
2　趣味に没頭する……好きなことに没頭して気分転換する
3　感情を表現する……紙に書く、誰かに話す、絵を描く、楽器を弾くなど、感情を外に出す

私たちは暇になると、ろくなことを考えません。脳は退屈するとネガティブ思考に陥りやすくなるのです。

ネガティブになってきたら、あえて新しい刺激を取り入れてみましょう。新しい本や漫画を楽しみ、新作映画を観るのもいいですね。また、夜はネガティブ思考が増す傾向があるので、なるべく早めに寝るようにすれば、メンタルの回復はぐんと早くなります。

Don't worry!
04

現実から逃げる

辛いことがあると、その出来事から逃げたくなってしまいます。

思い出すのが辛くてお酒や睡眠薬を飲んだり、一人でいたくなくて、好きでもない異性と一緒に過ごしたりすることもあるかもしれません。

こういった逃げの行動は「現実逃避」と呼ばれ、生きていくうえで、時には必要な防衛本能です。が、度を越した「現実逃避」はおすすめできません。結果として自分で自分をさらに苦しめ、追い詰めるだけだからです。

悪口を言う人の行動を止めることは、誰にもできません。家から一歩も外に出ず、インターネットも一切使用せず、誰ともかかわらずに生きていく以外、悪口を言われない方法などないのです。どうしたら現実逃避をしなくて済むようになるのか、その方法を探すことが大切です。

次に、現実逃避の代表的なものと、その対処法をピックアップしました。

よくある逃げ方 辛いことがあるとヤケ酒やヤケ食いをしてしまいます

辛いことがあったとき、ふだんは飲まないような量のお酒を飲んだり、ひたすらケーキを食べ続けたりするなどの、ヤケ酒、ヤケ食いを経験したことはありませんか?

実は、このような行動は、体がストレスを感じたときに、こころのバランスを整えようとして起きる、人間の本能によるものです。

私たちの体には、「交感神経」と「副交感神経」というふたつの自律神経系があります。人前で話すときに緊張したり、物事に集中したり、スポーツで興奮状態になったりすると優位に働くのが「交感神経」で、一方の「副交感神経」は、何かを食べたり、お風呂に入ったりしてリラックスしているときに優位に働きます。

ふつう、このふたつの神経のバランスは保たれているのですが、強いストレスが加わるとバランスが崩れ、「交感神経」が優位になり、「副交感神経」の働きは低下します。

ストレスを感じるということは、程度の差はあれ生命の危険を感じているということなので、大げさに言えば、生きるか死ぬかの瀬戸際と同じ状態です。

体は「交感神経」が優位になると、そのバランスを整えようとします。何かを食べたり飲んだりすることは、「副交感神経」を活発にさせるので、私たちは意識せずともバランスを保つように調整しているのです。


このように、ヤケ酒やヤケ食いは、多少であれば問題はありません。でも、度を過ぎると健康を害してしまいます。

まず、お酒は中枢神経系に影響を与えるため、こころの痛みや不安を和らげる効果があり、辛い現実を少しの間、抑え込むことができます。ただし、この効果は長くは続きません。時間がたてば、また同じように辛い気持ちがよみがえります。それをまた忘れたくてお酒を飲むということを繰り返すと、アルコール依存になってしまいます。

ヤケ食いなら問題ないと思うかもしれませんが、ヤケ食いも日常化してしまうと、摂食障害を引き起こすことがあります。

大切なのは、一人でヤケ酒・ヤケ食いをしないことです。誰かと一緒に、話しながらお酒を飲み、食事をしましょう。

よくある逃げ方 現実から逃れたくてリストカットをしてしまいます

リストカットは、自傷行為のひとつ。自分の体、主に手首を刃物で切る行為のことです。手首は傷跡が目立つので、半そでの服で隠れる二の腕や、足・腹部などを傷つけることもあり、若者を中心に「リスカ」と略されるほど、年々ポピュラー化してしまっています。

ご想像の通り、リストカットはとても痛いです。皆、痛いことが快感でやっているのではありません。どうしようもなく行き場のない気持ちを、リストカットで紛らわせているのです。

私たち人間には、感情があります。

何かの出来事に対して、「悲しい」とか「辛い」などの感情がわき、涙を流したり愚痴をこぼしたりして、その都度対処しながら生きています。

でも、リストカットをしてしまう人は、感情の対処の仕方が上手ではありません。幼い頃から自分の感情を抑えつけて育ったケースが多く、感情の出し方がわからないのです。わき上がるこころの痛みにどう対処していいかわからないので、リストカットをして身体的な痛みを感じることで、こころの痛みの代わりにするのです。

泣きたいぐらい辛いのにずっと我慢をしていると、そのうち「泣きたいぐらい辛い」という気持ちに脳が鈍感になります。でも、こころの奥では「泣きたいぐらい辛い」という気持ちがなくなっているわけではないので、こころと行動に矛盾が生じます。この矛盾をごまかすのが、リストカットというわけです。


もし、あなたがリストカットをしてしまうのならば、やめてほしいとこころから思います。

「自分の体を自分で傷つけて何がいけないの」と思うかもしれませんが、リストカットがよくないのは、それが自傷行為だからです。

こころの痛みを体が代わりに感じてくれるので、一時的には辛い感情が和らぐかもしれませんが、それでも、こころの問題が解決したわけではないので、こころは辛さを抱えたままま。リストカットをしたら、こころの辛さが一瞬にしてなくなるなんて魔法ではないのです。おしゃれでピアスやタトゥーを入れるのとは、同じ体を傷つける行為だとしても、わけがちがうのです。

リストカットをしてしまいたい衝動に駆られたら、まずは「こころと行動に矛盾が生じている」と自分の気持ちに気づいてあげましょう。あなたのこころなのに、肝心のあなたが認めてあげなければかわいそうです。**あなたのこころも、あなたの体も、あなただけのもの。**せめてあなたは、かわいがってあげてほしいのです。

よくある逃げ方　一人でいたくなくて、好きでもない異性と過ごそうとしてしまいます

誰かに優しくされたり、気にかけてもらえたりすると、気持ちが落ち着くことは多々ありますよね。

一人でいたくないときに、一緒に過ごしてくれる友人を持つことはとても大切なのですが、異性との性的な行為が前提にあるのは少し危険信号です。

このようなことを重ねると、無意識のうちに「自分の価値は、体しかない」と思い込むようになってしまうからです。

性的な行為で自分の価値を確かめ、異性と会っている間はこころが満たされたような気分になります。

ですが、それも一時的なこと。「満たされた気になった」だけなので、すぐにまた空っぽになってしまいます。それを満たすために、また異性と関係を持ってしまう……。この繰り返しが常習化することは、自己破壊行為といって、自分で自分のこころを壊す行為なのです。

このときのこころをバケツにたとえると、それは底に穴の開いたバケツです。どれだけ水を入れても、バケツの底に穴が開いているのですから、バケツが満たされることは永遠にありません。それでも水を入れ続けているのは、とても虚しいですよね。

傷つき、苦しみ、一人でいることが辛いときは、性的な行為のない相手と過ごしましょう。あなたの「体」がなくても、相手が話を聞いてくれて、共感してくれて、なぐさめてくれたら、あなたのこころの穴は少しずつふさがっていきます。

「体」がなくても、あなたは十分に価値のある人間だということを、決して忘れないでくださいね。

Don't worry! 05

ネガティブの泥沼にはまって抜け出せなくなる

ポジティブを風景で例えるとしたら、晴れ渡る空、色とりどりの花々が咲き誇る庭園です。青空の下の庭園には、たくさんの人が訪れます。みんなで写真を撮ったり、ベンチに座って休憩したり……。笑顔がそこら中に溢れています。

一方でネガティブは、薄暗い山奥にある、荒れ果てた沼地です。ゴミを不法投棄、あるいは死体を遺棄するなどの犯罪がらみの行為にはうってつけの場所です。得体の知れない生物や毒蛇などに遭遇する危険性も高そう。命の危険を感じて、一刻も早く立ち去りたい場所で、笑顔の人は誰もいません。

さて、ネガティブの渦に巻き込まれているあなたは今、この山奥の荒れ果てた沼地にいるのです。そんな場所にたった一人でいるのは寂しいですね。少しでも早く、そこから抜け出しましょう。

では、あなたは一体どうやってそこから抜け出しますか？

「誰か助けてくれないかなぁ」

「抜け出したいけど、ちょっと動ける気がしないんだよなぁ」

なんて、のんきなことを言っている場合でしょうか。ぐずぐずしている間に、少しずつ深みにはまっていき、抜け出すのが難しくなってしまいますよ。たまたま通りかかった人がいても、「助けてください！」と大きな声でアピールしないと気づいてもらえません。たとえ「上から引っ張ってあげるよ」と手を差し伸べてくれる人が現れたとしても、手を握ったとたんに「大金を用意しなければこの手を放す」と言われるかもしれません。

残酷なようですが、他人はあてにならないのです。自分の力で抜け出さなければいけません。

とはいえ、言うのは簡単でも行うのは難しいのです。

そこで、泥沼から抜け出すための、**3つの「ない」**をお教えしましょう。

①「なぜ？」を考えない

人間関係で辛い出来事があると、「なぜこんなことになったんだろう」「なぜあの人はあ

落ち込んだ穴からは、自分で抜け出さなければいけない

んなことを言ったんだろう」「なぜ私はこうしてしまったんだろう」というように「なぜ」ばかり考えてしまいます。

でも、それは時間とこころの無駄でしかありません。理由はふたつあります。

まずひとつ目は、**相手の気持ちはいくら考えても絶対にわからない**からです。「なぜあの人はあんなことを言ったんだろう」と考えても、あなたは「あの人」ではないので、「あの人」の気持ちを推測することしかできません。

相手から発せられた言葉の真意は、あなたが考えた通りかもしれないし、そうではないかもしれません。相手に直接「どう思ったの？」と尋ねても、正解を教えてくれるとは限らないのです。

どれだけ考えてもわからないことは、潔く、考えることを諦めましょう。


ふたつ目の理由は、どれだけ願っても、**過去には絶対に戻れない**からです。

「なぜこんなことになったんだろう」

と考えたところで、過去に戻ってやり直すことはできません。

起きてしまったことは変えられないのです。

「あのときああしていれば」と過去を悔やんでも、何も変わりません。それなら、過去を反省して「次はこうしよう」と未来に活かすことを考えたほうが賢明です。


過去は絶対に変えられないと断言しましたが、実はたったひとつだけ、過去を変えられる奥義があります。

それは「現在の行動を変える」こと。

過去の経験を受け入れ、学ぶことによって、自分が成長できたとき、過去の意味がすっかり変わるのです。

たとえば、うっかり友達の秘密をバラしてしまい、友達からの信用を失ったとしましょう。秘密をバラしたという過去の事実は変わりませんが、深く反省し、絶対に秘密はバラさない口の堅い人間になれば、あなたは過去のおかげで成長できたことになります。

つまり、**過去の経験から学べば、未来に影響を与えることができる**という考え方です。

過去を後悔するならば、そこから少しでいいので、何か学びを得ましょう。

②過去に捉われない

「過去にあんなことがあったから、私はもうダメなんです……」

カウンセリングをしていると、このようにおっしゃる人がとても多いのですが、私はそうは思いません。

過去は過去として、いったん置いておけばいいのです。これからの未来は好きなように作れるのですから、過去に捉われる必要はないのです。

「でも……」

と思ったあなた、怒らずに、ちょっと考えてみてください。

もしかしたら、あなたは「過去に捉われていたい」のではないでしょうか？

「過去にあんなことがあったから、私はもうダメなんです……」

という思考のことを、「**原因論型思考**」と言います。

過去の出来事が、今の自分の行動を制限したり、影響を与えたりしている、という意味です。

たとえば、

「おなかが痛いから、学校を休む」

これは、おなかが痛いという原因によって、学校を休む、という結果が生まれています。

元気だったら学校に行くけれど、おなかが痛いせいで学校に行けない、という言い方もできます。病院に行けば、昨日の食事内容や最近の体調などから、おなかが痛い原因を推測し、治療が始まります。でも、病院に行っても、薬を飲んでも、腹痛が治らないことがあります。そのくせ学校を休めば、すっかり体調が戻ったりするのです。

その時に、あるひとつの疑問が浮かびます。

「本当は学校を休むために、おなかが痛いと言っていたのではないか？」

つまり、学校に行かないという目的を達成するために、おなかが痛いという選択を自らしている、ということです。

これを、あなたの経験に当てはめることはできないでしょうか？

「過去にあんなことがあったから、私はもうダメなんです……」

過去が原因で今の自分はダメだと思っている。だけど実はそうではなくて、自分はダメなままでいたいから（目的）、過去を理由にしているのではないですか？

「怒らずに考えてみてください」と前置きをしたのは、「過去を理由に、今の自分を正当化している」と言われたら、誰でも怒りがわいたり否定したくなったりするからです。

でも、この本を手にしているあなたは、きっと自分を変えたいと思っているはず。

だから、あえてストレートにお伝えします。

あなたが今、過去に捉われているのは、そのままでいるほうが都合がいいからではありませんか？


以前、大学生のDさんが「過去に悪口を言われたせいで、それまで社交的だったのに、暗い性格になってしまった」と悩んでいました。

でもDさんは、過去が原因で暗い性格になったのではありません。誰かに悪口を言われるのを避けようとして、自分の性格を内向的にしたのです。

Dさんと何度か対話を重ねながら、少しずつこころを解きほぐしたら、「自分が悪口を言われても平気でいられるように変わりたい」と、未来に目を向けてくれるようになりました。今ではメンタルを強化して、多少のことではへこまない性格になれた、と笑顔で大学に通っています。

性格は自分で決められます。もっと言ってしまえば、**あなたの今の性格は、あなたが決めているもの**なのです。

③外の世界を怖がらない

ネガティブを、山奥の荒れ果てた沼地だと例えましたが、そこから出られないのは、外の世界が未知な場所で怖いから……、とも言えます。

沼地から抜け出したとしても、もしかしたら巨大な熊がいて喰われるかもしれない。森を駆けている間に、木の上から毒蛇が襲ってきて噛みつかれるかもしれない。誰か人間に会っても、それは暴漢かもしれない……。

「井の中の蛙《かわず》、大海を知らず」ということわざがあります。これは、自分の狭い知識や経験にとらわれて、他に広い世界があるのを知らないことのたとえです。

あなたは荒れ果てた沼地にいるのは嫌だけど、外に出るのが怖いから「ここにとどまる」という選択をしているのかもしれません。

未知のものを怖がるのは、人間の本能として当たり前のことです。

人間の脳には、爬虫類脳・哺乳類脳・人間脳の3つの分野があると言われています。「爬虫類脳」は、生きるための基本的な本能をつかさどります。呼吸や体温をコントロールして、食べる、寝るなどの生命維持活動や、危険を感じたら逃げるなどの防衛本能にも関わっています。

「哺乳類脳」は、好き・嫌い、安心・怖いなどの基本的な感情をつかさどります。集団生活のために仲間と協力したり、赤ん坊などの弱いものに愛情を持ったりするのも、哺乳類脳の働きによるものです。

「人間脳」は、論理的な思考をコントロールしています。目的を持って行動したり、未来を予測して戦略を考えたりする働きを持ちます。

この3つの脳は思考への影響力でいうと、爬虫類脳が一番強く、人間脳が一番弱いとされています。そして、人間脳が「よし、やるぞ」と決意する何秒か前に、すでに爬虫類脳が行動を決めているとの研究結果もあります。爬虫類脳は、それだけ人間の本能に深く関わっているのです。

そんな爬虫類脳ですが、最大の目的が「生き延びること」なので、新しいことや知らないものが大嫌い。新しいものや未知の状況は、それが危険か安全かがわからないのですから当然です。

思い出してみてください。

小学校や中学校で、クラス替えを経験したことはありませんか？

新しい教室、新しい担任、新しいクラスメイト……。

少し不安だったのではないでしょうか。

少し前に、「Twitter」が突然名称を変更し「X」になりました。ただ名前が変わっただけで、私たち一般のユーザーはほとんど以前と同様に使えているにもかかわらず、多くの人が反発し、アイコンが変わることを嫌がりました。これも、新しいものを嫌う脳の影響を受けてのことです。

人間は毎日のルーティンや慣れ親しんだ状況に安心感を覚えます。だから自分の置かれた環境、友達関係、自分の考え方でさえ、変えることが難しいのです。生きるために必要なこの本能が、「自分さえ我慢していたら……」「明日はもう少しよくなるかもしれない……」「何か行動して状況が悪くなるより、何も行動しないで今の悪い状況のほうがまだマシだ……」という思考を作ってしまっています。

でもよく考えてみてください。**その場にとどまるなら、たったひとつの選択肢しかありませんが、外に出れば無限に選択肢があるのです。**

自分の置かれた環境も、友達関係も、自分の性格でさえも、あなたは自分の意思決定で好きに変えられるということを、忘れないでください。

Column 2

俺のハートは誰にも傷つけられないから正確にはダイヤモンドメンタルかな

ローランド

これは、「ローラ様の鋼メンタルな所本当尊敬してます！（2018．12．31）」というツイートに対してローランドさんが返した言葉です。

18歳でホストデビューし、21歳にして当時所属していた店舗の代表取締役に就任したローランドさん。現在は美容サロンやアパレルブランドなどを手掛ける実業家として活躍しています。

発する言葉すべてが「名言」となるローランドさんですが、その中でも特に私が素晴らしいと感じたのが、この「ダイヤモンドメンタル」です。

「鋼のようなメンタル」だと言われたローランドさんは、あえて「ダイヤモンド」だと言い換えました。

ローランドさんの返信は短いですが、実はとても奥深いのです。

まず、ダイヤモンドは地球上に存在する天然の物質の中で、最も硬い素材です。

このツイート主は、ローランドさんのメンタルの強さを鋼に例えていますが、鋼よりもダイヤモンドのほうが硬いことから、ローランドさんは「僕は君が思うよりもずっとメンタルが強い。僕のメンタルに傷をつけられる人は地球上に誰一人としていない」と言っているわけです。

一方で、ダイヤモンドはそれよりもはるかに柔らかい素材であるはずの鉄に、傷をつけることはできません。

ダイヤモンドで鉄を傷つけようとするとどうなるか……？

ダイヤモンドのほうがボロボロになってしまうのだそうです。

ダイヤモンドは地球上で最も硬い素材なのだから、何だって削れそうなものですが、実はそうではないのです。

つまりローランドさんは、

「僕のメンタルを誰も傷つけることはできないけれど、僕は誰をも傷つけようとは思わない。もし、僕が誰かを傷つけようとしたら、逆に僕のほうがボロボロになってしまうから」

とも言っているのです。


またダイヤモンドはみなさんご存じの通り、とても高価な宝石のひとつです。

原石はゴツゴツとしてありふれた石のような見た目ですが、磨くことで輝きを増し、その価値も高くなります。

ローランドさんはメンタルをダイヤモンドに例えることで、

「僕という存在はとても価値のあるものだ。磨かれるほどに美しくなるし、光を当てればもっと輝く」

と、自己肯定感まで高めているではありませんか。


誰からも傷つけられることのない強さを持ち、それでいて誰かを傷つけるような鋭さはなく、誰かを傷つけようとするとかえって自身が疲弊してしまう。

そんな自分はとても価値があって、磨けば磨くほど美しく光る。

ダイヤモンドというたった一言に、ここまでの意味を含ませたローランドさんは、さすがです。

「自分は強い」と思うことが、真の強さではないのかもしれません。

強靭なメンタルとは、他人と自分を思いやる気持ちを持ち合わせてこそだと教えてくれるこの思考を、ぜひ参考にしたいものです。

Don't worry!

Chapter 3

悪口を
エネルギーに
変換！

Don't worry!
01

悪口はガソリンだ！4つのタイプでエネルギーに変換

「悪口を言われても気にしない」

これまでさんざん書いてきたことですが、それでも気にしてしまうのは、「自分の性格なのだから仕方がない」と割り切るしかありません。

でも、一生「悪口をいちいち気にしてしまう」自分と付き合っていかなければならないのなら、いっそのこと、悪口を利用してみてはいかがでしょうか。

ほめて人を育てる「ほめ育」を提唱している原邦雄さんに、「悪口を言われたら落ち込みませんか？」と尋ねたところ、「悪口を利用してしまえばいいんだよ」と言われて、目から鱗が落ちました。それをヒントに悪口をエネルギーに変える方法を思いついたのです。

それは、私たちを自動車に、悪口を燃料に見立てるというもの。

それぞれ自動車には適切な燃料があります。

自動車の燃料には、次の4種類があります。

レギュラー……一般的な車両に使えるガソリン燃料。レギュラー車にハイオクを入れても全く問題ない。

ハイオク………高級車によく使われる燃料。レギュラーよりも単価が高い。ハイオク指定車にレギュラーガソリンを入れてもすぐに壊れるわけではないが、エンジンパワーが低下したり、エンジンが故障したりすることもある。

軽油…………入れられる車両が決まっている。エンジンの構造が異なるため、軽油指定車以外（レギュラー車、ハイオク車）に入れることはできない。

粗悪ガソリン…燃料のかさ増しを目的に、レギュラーガソリンにほんの少しの灯油を混ぜるなどした不正なガソリン。販売が禁止されているため、今ではほとんど見かけることはないが、闇取引されているとのうわさもある。

この4つのガソリンに悪口を当てはめました。悪口を言われたら、それが一体何タイプなのかを考えてみましょう。タイプ別に対処法があるので、驚くほど冷静に受け止められるようになるはずです。

①レギュラーガソリンタイプ悪口　別名「見下し型」

上から目線度★★★　自己肯定感度★★★　参考度★☆☆

得意技：悪口でなさそうに立派にカモフラージュする

キャッチフレーズ：「郷に入れば郷に従え」「世の中そんなに甘くない」「皆と一緒がいい」

レギュラーガソリンタイプの悪口は、日常で一番多い、一般的な悪口です。

自分と同じか、少しだけ下のレベルにいると勝手に思っている相手に向けて出る悪口で、視野が狭くて、自分のモノサシでしか物事をはかれないと出現します。

このタイプの悪口を言う人は、あなたが自分よりも上のステージに行くことが悔しくてたまりません。

常にあなたより上のポジションにいたいと思っているし、落ちるときは一緒に落ちたい、上がるときは自分だけ上がりたい、という自己中心的な考えをしているので、あなたにおいて行かれるのが怖くて、つい悪口を言ってしまうのです。

いつも誰かと自分を比べていて、自分より下を見て安心しているタイプ。才能や個性が

悪口はガソリンだ

特別抜きんでているというわけではないので、漠然とした不安と焦りを抱えています。

ベストセラー作家である橘玲さんは、著書『バカと無知』（新潮新書・新潮社）で、このように言っています。

「バカは自分の能力を多く見積もる」

勉強能力や話のセンスなど、いろいろな面において、自分と周りを比べたとき、多くの人は、「自分は周りの人よりも優れている」と過大評価しているのだそうです。

表面上では「私なんてまだまだです」「自分にはできません」と謙遜しながらも、こころのどこかで「周りよりはデキている」とこっそり思っているのです。

このように自分を過大評価することは、動物の習性のようなものなので、悪いことではありません。劣等感が強すぎるよりは、過大評価しているほうが幸せだともいえます。

問題なのは、この習性がより強く出てしまう場合です。

・自分に能力がないのは棚に上げて「私以外みんなバカ」と、自分以外の人間を見下す。
・自分に都合の悪いことが起きても、それを打破することができないので（というより、しようとせずに）「今の教育が悪い、政治が悪い」と矛先を世間に向けて批判する。

このような考え方を、橘さんは本の中で、

「バカの問題は、自分がバカであることに気づかないこと。なぜなら、バカだから」

と、気持ちいいぐらいにバッサリ斬っています。

そして面白いのが、これが橘さん独自の持論なのではなく、きちんと心理学者たちが研究した結果、「**ダニングクルーガー効果**」とすでに名付けられているところです。

ダニングクルーガー効果によると、「脳は、自分より劣った人を見ると、ご褒美をもらったように感じる」のだそうです。

逆に、自分より優れた人に対しては、「損をしたように感じる」のだとか。

「こんなことやってるからダメなんだよ」

「もっと上手に回してかなきゃ」

このようなマウント発言は、「自分はデキる」と思い込んでいるからこそ出るもの。彼らの脳内は、ご褒美でいっぱいなのです。

彼らは、「自分はデキる」と自分を過大評価しているため、これ以上の知識や経験を学ぼうとはしません。成長しないので常に同じところにとどまっているのですが、誰かが成長したと感じると焦り、悔しくなり、悪口を言って気持ちを落ち着かせているのです。

自分は常に正しいと思っているため、異論を素直に聞き入れることができませんが、実際は知識量も経験レベルも平均か、それ以下。そのため、「おまえが言うな」というブーメランを投げられやすいタイプでもあります。

レギュラータイプの悪口は「クソ！　人のこと言えた立場かよ！　絶対に見返してやるぞ」とエネルギーにしてしまいましょう。

②ハイオクガソリンタイプ悪口　別名「アドバイス型」

上から目線度★★★　自己肯定感度★★☆　参考度★★★
得意技：求められてもいないアドバイスをする
キャッチフレーズ：「あなたのためを思って言うけど」

4つのタイプの中では、一番まともな悪口です。

出没頻度としては一番少なく、言い方さえ変えてもらえたら、内容は素直に聞く価値のある悪口です。


このタイプの悪口を言う人は、自分のしていることにある程度の自信を持っています。

上昇志向型が多いのも特徴で、自分自身も目標に突き進み、達成するためにいろいろな努力をしているのです。

だからこそ「こうしたらいいのに」「だからダメなんだよ」などという、求められてもいないアドバイスを言いがち。

よく言えば姉御・兄貴肌で、後輩の面倒見のいいタイプ。

どうせなら真正面からアドバイスをしてくれたらいいのですが、実は自己評価はそこまで高くなく、「偉そうなことを面と向かって言える立場でもない……」と一応は心得ているので、謙虚さがマイナスに働き、悪口になってしまうのです。

「〈あなたのためを思って〉と言う人には〈自分のために生きてください〉と返しましょう」

これは、叶恭子さんの日めくりカレンダー『幸せの日めくり　31のフィロソフィ』(ポニーキャニオン)に出てくる言葉です。

「あなたのためを思って」

と、わざわざ他人である私のことを考えてくれるなんて、ありがたいですよね。

でも、

「私のやり方を素直に聞いていたらいいのに、そうしないからダメなのよ」

「そのやり方よりも、こっちのほうが断然いいのに、なんでそうしないの?」

「君のためを思って言うけど、それじゃあ成功できないと思うよ」

こんなことを言われても、うんざりしてしまいます。

「言わんとすることはわかる。でも、それをなぜそんなに偉そうに言うの？」

こう突っ込みたくなったら、その悪口はハイオク型です。

精神科医でベストセラー作家でもある樺沢紫苑先生は、ご自身のYouTubeで、悪口に対して次のようにおっしゃっています。

「悪口を言われたら、まずフィードバック（振り返り）をしよう」

これは、悪口を言われるのは気分のいいものではないけれど、言われるほうにもそれなりの原因があるかもしれないと考えよう、というポジティブな受け止め方です。

悪口を言われても一切気にせず、ダメージを受けない人もいます。そのような人のことを、私はうらやましいと思いますが、見方を変えると「自分のよくないところに気づくきっかけを失っている」ということもできます。

たとえば、

「あいつの書く文章って、句読点が全然ないし、難しい言葉を使いたがるから、結局何が

「言いたいのかがわかりづらいんだよな」

と言われていたとします。それを聞いたあなたはショックを受けるでしょうが、「そうか、私の文章は、句読点がないから読みにくいし、難しい単語が多いせいで、言いたいことが伝わっていないんだな」

と、フィードバックができます。そして次回からは、意識して句読点を入れるようにしたり、わかりやすい単語を選ぶようにしたりして、相手が読みやすくなる工夫をすることで、あなたの文章力は確実にレベルアップします。

その結果、「結局何が言いたいのかがわかりづらいんだよな」という悪口が、悪口ではなく「自分の改善点に気づくきっかけ」というポジティブなものに変わるのです。

相手の言い方を変えさせることはできませんが、自分の捉え方を変えることはできるはず。

「あの人の言い方は嫌だけど、言っていることは一理ある」と気がつけたら、儲けもの。

悪口から自分の問題点を見いだし、改善したときには、悪口を言われたことなどきれいさっぱり気にならなくなっているでしょう。

③軽油タイプ悪口　別名「うわさ型」

上から目線度★★☆　自己肯定感度★☆☆　参考度☆☆☆
得意技：悪口で連帯感を作ること
キャッチフレーズ：「そんなこと言ってないよ？」「私は別にいいんだけどね」

クラスや職場、ママ友関係など、親しい間柄の小さなコミュニティで発生しやすいのが、この軽油タイプの悪口です。軽油指定車には軽油しか入れられないのと同じで、このタイプの悪口は仲間以外には通じないので、第三者にとっては全く興味のない話にすぎません。内容も、「感じが悪い」「空気が読めない」「偉そう」「なんかちょっと受けつけない」などぼんやりしていて、はっきりとした根拠はありません。

このタイプの悪口を言う人は、多くの場合が、悪口をただ単に他人と仲よくなる材料としているだけです。暇人が3人以上集まると発生しやすく、悪口の輪に入らないと微妙な空気を醸し出されます。そのため、しぶしぶ入る人も多いのが特徴です。
「悪口を言いたいだけ」なので、話題はあっという間に変わります。井戸端会議、女子会トークなどの9割は、この軽油タイプの悪口で構成されていると言ってもいいでしょう。また、複数人集まってこそ本領を発揮するため、対個人ではそこまで悪い人ではありません。あくまで悪口は「その場を楽しむだけ」「周りに合わせているだけ」の話題なので、悪意はないに等しく、言った内容さえ簡単に忘れてしまいます。

そのため、悪口を言っていたことがバレたとしても、「そんなこと言ってないよ？」と本気で記憶を改ざんできる便利な思考を持っています。

面と向かって波風を立てるほどの内容でもないので、悪口の最中に本人が登場したら、一瞬で手のひらを返せるのも特徴です。

さて、このようなタイプの悪口は、実は、その場にいる全員が「そうだそうだ！」と、思っているわけではないのです。

場の空気を乱さないように、とりあえず「そうだね」と言っている場合もあるし、自分はそうは思わないけど、反論はできないからと聞き役に徹していることもあります。

一人だけ「私はそうは思わない」などと言おうものなら、次は自分が標的になってしまうからです。また、「悪口を言うなんてよくないよ」と言ってしまうと、悪口を言っていた人たちはとたんに不安になってしまいます。

「あれ、自分はすごく恥ずかしいことを言っていたのではないか」

「おや、ちょっと愚痴を言っただけなのに、逆に自分が軽蔑されるのではないか」

こんなふうに、自分たちの行為にどうしても罪悪感を持たざるを得なくなります。

でも、人間というのは「自分が正しい」と思っていたい生き物なので、自分を正当化するために、今度は反論した相手を「あの子ってノリ悪いよね」などと悪者に仕立てあげるのです。


この軽油タイプの悪口が、いかにくだらなくて、悩む必要がないものか、おわかりいただけたでしょうか。

とはいえ、仲間内で悪口を言われていると知ったら、ショックを受けないはずがありませんよね。

そんなときは、このことわざを思い出してください。

「世の取り沙汰も七十五日」

このタイプの悪口は、ただの「仲よくなるためのツール」ですから、あなたが「いや、それは違うんだよ。本当のところはね……」などとアレコレ口を出せば出すほど、「必死になっちゃってキモイ」だのなんだの言われて、二次災害が起きるだけ。

悔しいでしょうが、何も言い返さずにじっと黙っているほうが賢明です。

「七十五日」と言いますが、今は情報にあふれた時代なので、もっと早く、なんなら数時間であなたの悪口は「古い」話題になります。安心して黙って過ごしましょう。

④粗悪ガソリンタイプ悪口　別名「ゴミ」

上から目線度★★★　自己肯定感度☆☆☆　参考度☆☆☆
得意技：芸能人のゴシップを見つけること
キャッチフレーズ：「でもきっとうまくいかないと思う」「人の不幸は蜜の味」

4つの悪口タイプの中で最も粗悪で低俗なのがこのタイプです。

このタイプの悪口を言う人は、自分のことはすべて棚に上げ、努力もせずに相手を見下しています。相手が自分よりも上にいることをわかっていながら、どうしてもそれを受け入れられません。

素直に「うらやましい」「いいなぁ」と言えないので、常に嫉妬心と劣等感が押し寄せてきます。そんな自分を直視できず、自分を守るために暴言を吐きまくります。

相手が傷つけば、自分は少しマシだと思えるからという、なんとも低俗な理由なのですが、本人は自分を守ることに必死で、暴言が出れば出るほど落ち着きを取り戻していくという、反比例グラフのような思考を持っています。

かといって、そんな底辺に自分がいるという現状を、変える気もなければ抜けるすべも持っていません。

このタイプの悪口は、基本的に「ブス」「バカ」「無能」などの、短い単語で言えるようなものばかりです。あまり頭を使わずに人を不快な思いにさせられる、レベルの低い悪口ですね。

たとえば「ブスの定義は？」と問われて、簡潔に答えられる人はいません。人それぞれの価値観があるので、世界共通の認識で定義づけることはできないのです。

お人形のような顔を目指して、何十回、何百回と整形手術を繰り返す方がいます。本人は手術を重ねるたびに理想に近づいていると思う一方で、「手術前のほうが美人だったのに」と思う人もいます。現代では、二重まぶたの大きな目、筋の通った高い鼻に陶器のような素肌、すらりとしたスタイルの人が美人だと言われていますが、ほんの千二百年前までは、ふくよかな容姿で、長く豊かな黒髪を持ち、知識と教養のある女性が「平安美人」と言われていたのです。タイやミャンマーなどに住むカヤン族の女性は、首が長く見えるほうが美人とされているし、モーリタニアでは太っていることが美の象徴であったりします。

このように定義がはっきりとしていなくて、数値で示せないものは、すべて個人の価値観によるもの。

ひろゆきさんが言ったとされ、2022年の小学生の流行語ランキング1位（ベネッセホールディングス調べ）となった、

「**それってあなたの感想ですよね**」

が、まさにぴったりなのがこのタイプの悪口なのです。

「ブス！（……だと私は思います）」

といったように、「だと私は思います」が最後に必ずついているのです。

「私ってブスなのかしら。ショックだわ。どこら辺がブスなんだろう」

などと考えるのは時間の無駄。

この悪口から得られるものは何ひとつないばかりか、耳に入れるだけで全身が汚染されます。聞く価値ゼロなので、一秒でも早くブロックしましょう。

Don't worry! 02

マウントを取る人の心理

「あなたは海外に行ったことないの？　私なんて、5回も行ってるけど」

「うちはパパのカード、使い放題なんだよね。バイト？　働くなんてできない」

「○○大学？　どこですかそれ。初めて聞きました。あ、自分は国立医学部です」


こんな会話で、「イラッ」「モヤモヤ〜」となったことはありませんか？

これらは、「マウント」と呼ばれるものです。

マウントとは、英語のmountが語源で、本来は「登る」「またがる」という意味があります。そこから派生して、動物が相手の上にまたがり、「おまえより強いぞ！」という自分の強さを誇示する意味を持つようになりました。格闘技でも、マウントポジションを取ると有利な状況に持ち込めます。

2014年には流行語大賞に「マウンティング（女子）」がノミネートされ、今では自分の優位性を示すことを、ネガティブな意味で「マウントを取る」と使われるようになりました。冒頭の文章は、海外に行っているマウント、家がお金持ちマウント、学歴マウントと言えます。

マウントは細かくジャンルが分かれており、中には「え〜！　今話題の、あの小説読んでないんですかぁ？」というような、「あれ？　今のってマウント取られたのかな？」という、謎なマウントも存在します。

あなたの周りにもきっといる、マウントを取りたがる人は、一体何を考えているのでしょうか。

たとえば動物の世界では、大きくて力の強い動物がボスになれます。

クジャクのオスは、大きくて立派な飾り羽があるほうが、メスにモテます。

セミのオスは、鳴き声が力強くて、よく通る声のほうが、メスにモテます。

生き物の世界では、見た目の豪華さや、鳴き声の大きさ、美しさが、自分の優位性をみせつけるための武器になるわけです。

人間の世界ではどうかというと、自分よりも見た目がいい人や、歌がうまい人は山のようにいますから、他人よりも自分が優位であると示すための材料を、常に探さなければなりません。それで、自分が優位に立てそうな話題があると「あ！　それ知ってる！」と、嬉しくなってしまうのです。つまり、マウントは本能なのです。

でも、普通の感性を持つ人なら、他人と自分を比べて優越感を感じたとしても、それをわざわざ口に出して、相手に言うようなことはしませんよね。

これが、マウントを取る人と、そうでない人の違いなのです。

なぜわざわざ口に出してしまうのか。

それは、マウントを取る人のこころの弱さにあります。

マウントを取る人は、実は自分に自信を持てていません。

自分には十分な価値があると思えなかったり、誰かと比べて不安に感じていたりするので、とにかく、優越感を得たくてたまらないのです。

周りから「すごいね！」「いいなぁ」とほめられたり認められたりしたい欲求のことを、「**承認欲求**」と言います。

「承認」とは誰かが自分を認めるという意味なので、自分ひとりで満足する「自己満足」では物足りません。

自分はすごいんだ、こんなことができるんだ、こんなものを持っているんだ……。そうやってマウントを取り続けないと、こころが満たされないのです。


マウントを取る人の問題は、これだけではありません。

たとえば、どこか有名な企業の社長だとか、海外の難関大学を首席で卒業したとかであればいいのですが（そもそも、そんな人はいちいちマウントを取ろうとしませんが）、さほど自慢できるものがあるわけではないけれど、それでもマウントを取りたいので、「相手を否定して下げる」ことで、自分が相手より優位であると示そうとするのです。


「そんなことも知らないで、よく先生なんてやってられるねぇ」

これは、私がある男性に実際に言われた言葉です。

もう名前も顔も全く覚えていないその男性は、私が、「コミュニケーションの先生をしています」と自己紹介をしたら、「じゃあ、○○の法則って知ってる？」と尋ねてきました。

私はその法則がわからなかったので、「ちょっとわからないです。どんな法則ですか？」と答えたところ、「そんなことも知らないで……」と鼻で笑われたのです。

ちなみに、心理学の世界だけではないと思いますが、同じ法則でも呼び方が違うものがいくつもあります。

たとえば、「**単純接触効果**」とは、会う回数が多いと相手に好意を抱きやすい、というものなのですが、論文を書いた心理学者の名前を取って「ザイアンス効果」と呼ぶこともあります。発音が違えば「ザイオンス」にもなるし、「ザイアンスの法則」のように言い換えられることもあり、どれも正解です。そのすべてを知らなければならないとは思っていませんし、私が知らないことを他人が知っているというのはよくあることです。

でも、その男性は、私が「○○の法則」も知らないのに「コミュニケーションの先生」と名乗るのが気に食わなかったのでしょう。

その男性はそのあと、自分が独学で勉強したという、心理学やコミュニケーションなどの話を延々とし、何度も「あなたは知らないと思うけど」と付け加えていました。

こうすることで、私を下に落とし、「僕は知っていますけどね」と優越感に浸っていたのでしょう。そのときは腹が立ちましたが、今こうして本のネタにできているので、ある意味その男性には感謝をしています。

さて、このようにマウントを取ってくる人というのはどこにでもいるわけですが、遭遇した場合は、どのように対処したらいいのでしょうか。

マウントを取る人への対処法

①ほめる

相手が望むリアクションを取ってあげるという、まさに神対応です。


「さすが！」

「知らなかった！」

「すごい！」

「センスよすぎ！」

「そうなんだ！」


このほめ言葉の頭文字を取って「**聞き上手のさしすせそ**」と言います。

これをテンション高めに繰り返すだけで、相手が上機嫌になってくれるのだから簡単です。こちらは適当に、頭の中で他のことを考えながら「すごーい」と言うだけ。

真剣に聞かなくてもいいし、相手のマウントにイライラする必要もありません。

「さしすせそ」が本当に有効なのかどうかをテストするつもりで、「さすがだね！」と言っておきましょう。

②適当に返事をする

一応、相手のマウントは聞いてあげるのですが、相手が望むリアクションまではしてあげないという対応です。

「へー」

「ふーん」

「そーなんだ」

と、一定のテンションで繰り返しましょう。このときのコツは、決してテンション高めに返事をしないこと。どちらかというと、冷めた態度のほうがいいかもしれません。

相手の話は、真剣に聞かなくてもいいです。

「この人は、自分に自信がないのかな？」

「あんまりすごくないけど、すごいって言ってほしいんだろうな」

「本当は弱い人なんだろうなぁ。自分を強く見せようとしているなぁ」

などと、相手を冷静に観察して分析すると、結構面白いですよ。

③スルーする
これは、若干メンタルが強くないとできないかもしれませんが、ぜひやってほしい対処法です。

相手が「すごいだろ」と言わんばかりにマウントを取ってきたら、真顔で黙るだけ。

このとき、こころの中で「ちょっと、何言ってるかわかりません」とつぶやくと、目の前のマウンティングがバカバカしく思えてきます。

相手はこちらが「すごい！」「いいなぁ」などの好意的なリアクションを取ると思っているので、いきなり黙られるとうろたえます。

少し黙ったあとに、さっとスマホを取り出して、SNSでもチェックしましょう。ニュースでもメールでも、なんでもいいのです。とにかく「あなたのマウント、つまらない」という意思表示をするのに、無言でスマホを見るのは効果的です。

「ねぇ、聞いてる？」

と食い下がってきたら、「あ、うん、ごめんごめん！」と答え、またスマホ。

相手は「私がマウント取ってあげてるのに、失礼な奴だ！」と怒るでしょうが、思い通りの反応が返ってこないので、つまらなくなり、諦めてくれます。

④言い返す

あまりいい対処法ではありませんが、メンタルが最強になったと自覚できたら、お試しください。

マウントを取る発言をした相手に、こう言うのです。

「それで？　全然すごくないけど」

このときに注意しなければならないのは、こころの底からそう思っていないと、相手に「強がっている」とか「負け犬の遠吠え」と思われてしまうということ。

「マウント取るの、やめてもらっていいですか」

と、はっきり言うのもいいかもしれませんが、相手は自分に都合のいい思考回路を持っ

ているので、

「マウントを取られたからって、悔しがってる」

「え、これ全然マウントじゃないのに、逆にマウントって思うのが自己肯定感低すぎ」

などと言われかねません。

言い返した相手との関係性が悪くなるのは必至ですが、縁が切れてもいいと思ったら、最後ぐらいは言ってやってもいいかもしれません。「うざい」と。

Don't worry! 03

人が嫉妬をする理由

嫉妬とは、自分よりも優れている人や、自分にはないものを持っている人に対して起こる感情です。

うらやましい、という気持ちだけなら嫉妬ではありません。嫉妬とは「なんだよ、偉そうに」「なんであの人ばっかり」「あいつだけいい思いをして、腹が立つ」などという、妬みやそねみというネガティブな感情のことです。

もう20年以上前になりますが、私が心理学を学びはじめた大学生の頃、強く思っていたことがあります。

「嫉妬心がなくなればいいのに……」

当時の私は怒りっぽく、いつも他人をうらやんでばかりでした。

大学生ですから、ブランドバッグを買う友達もいれば、海外旅行に行く友達もいます。

就職活動で大手企業から内定をもらう子もいれば、父親の経営する会社に就職する子もいます。

素直に「いいなぁ」と思えたらよかったのですが、その当時は、うらやましがることを徹底的に避けていました。

「いいなぁ」

と、口には出していたかもしれませんが、必ずそのあとに、

「でも、あれってそんなにいいものじゃないよね。だって……」

と、デメリットを並べて、

「私、別に全然うらやましくもなんともないからね！」

と言わんばかりの態度を取っていました。きっと、周囲には「ひがんでいる」「ねたんでいる」のがバレバレだったでしょう。

心理学を学び実践するときに、私は自分を苦しめている「嫉妬心」をなくすことをひとつの目標にしてきました。ですが、嫉妬心とは動物にとって当然の感情であり、本能なので、完全になくすことはできなさそうです。

犬や猫などのペットでも、新しい仲間が増えると、嫉妬からストレスで毛が抜けたり攻撃的になったりすることがあります。

オーストラリアでは2008年に、犬を使って嫉妬心の研究が行われています。

犬に芸をさせて、そのあとでご褒美のおやつをあげなかったらどうなるか、という実験です。言葉の話せない犬に芸をさせて、ご褒美をあげないのはちょっとかわいそうなのですが、さらにもっと意地悪なのが、「ほかの犬にはおやつをあげるのに、自分だけもらえない」という状況にしたことです。

芸をしたあと、ほかの犬はおやつをもらっているのに、自分がもらえなかったとき、その犬はどうなったと思いますか？

犬はストレスを感じ、機嫌が悪くなったり、自分の体を噛んだり引っかいたりという行動をとったそうです。犬も人間と同じように、自分以外に対して「いいなぁ」と思うことでストレスを感じるのですから、嫉妬心を感じてしまうのは動物として仕方のないことなのかもしれません。

でも私たち人間には、犬よりも優れた「知能」があります。嫉妬心を、わき起こるままに野放しにするのではなく、理性的に抑えることができるはずです。

嫉妬心を抑えられる人とそうでない人は、確実に人生の幸福度に差があると、私は思っています。エビデンスは私一人なのですが、嫉妬心がなくなるように努力をしてきた私は、当時と比べて、断然に幸福度が増したからです。

ところで、人はなぜ嫉妬をするのでしょうか？

嫉妬心というのは少し複雑で、さまざまな感情が絡み合っているので簡単にはほどけませんが、一番大きな問題は「人と比べている」ことです。

誰かと比べて不幸になる

誰かと比べたとき「自分が劣っている」「私のほうが負けている」と感じると、人はまず、「自分は不幸だ」という気持ちを味わいます。

自分よりも優秀だと思う人は、たくさんいますよね？

見た目、収入、仕事、勉強、スポーツ……。

比べる対象はキリがありませんが、自分が自信を持つ分野であればあるほど他人と比較し、自分が「負けた」と思うと、不幸感が押し寄せ、悔しくてたまらなくなります。

この「悔しい」という気持ちは、ある意味自分で「負けた」ことを認める感情です。

素直な「悔しさ」で一番わかりやすいのが、テストでの間違いです。普段の自分なら間違えないような問題で、ミスをして点を逃してしまった経験が、誰しもあると思います。

このとき「わかっていたのに、悔しい！」「凡ミスしてしまった！」と、ただひたすら悔しさを感じますよね。

テストの問題を解く・間違えるというのは、「解けたことのある自分」と「ミスをした自分」とを比べているので、単純に悔しさを感じるだけです。比べる対象が「自分」なので、悔しさが嫉妬に変わることはありません。

でもこのとき、

「自分がテストでミスをしたせいで、順位が5位だった。あいつは1位だった！　負けた、悔しい！」

と、比べる対象が「他人」になったとたん、嫉妬心がむくむくとわき上がってきます。

「あいつは月謝の高い塾に通わせてもらっているから、成績がいいんだ！　自分の能力じゃない！」

「あいつは成績はいいかもしれないけど、性格が悪い！」

などと、比べた相手をなんとかして自分より下げようします。

素直にうらやましがったり悔しがったりするだけでは、自分が救われないのです。だから「嫉妬」という感情を使って、自分をなぐさめてあげるのです。

「スポーツはできるかもしれないけど、勉強ができないから全然ダメよ」
「あいつは収入が高くても、顔面偏差値は低いよね」
「宝くじが当たったみたいだけど、どうせ人生破滅するわ」

このように、妬みやそねみといった類《たぐい》の悪口を言って、劣っている自分を守ろうとする。嫉妬の正体は、「うらやましい」と素直に言えない、自分を守る術《すべ》だったのです。

この世にある「優劣」は、誰が決めたの？

さて、「劣っている」「負けた」という言葉が出てきましたね。

本当にあなたが劣っていて、負けたのでしょうか？

そもそも、誰が人間界の「優劣」を決めたのでしょうか？

一見、年収一千万円のほうが、年収五百万よりも優れているような気がします。でも、年収が高くても、友達も家族もいなくて、信頼できる仲間と笑い合ったり食事を楽しんだりすることもない生活だったら、どうでしょうか？

いつもテストで１００点を取っている子は、テストで10点の子よりも優れているような気がします。でも、その子が家で一切娯楽もなく、寝ることや食事などの基本的なこと以外は、すべてを勉強に費やしているとしたら、どうでしょう？

なんだか、こう言われると、

「うーん、それは優れているとは言えないかも……」と思えませんか？

「勝った」「負けた」

「優れている」「劣っている」

というのは、自分が物事に勝手につけた価値観にすぎません。

ある人には「優れて」見えても、ある人からは「負けた」ように見える。基準がないものを比べるのは、意味がないのです。

誰かと比べて一喜一憂するのは疲れます。

唯一比べてもいいのは、「過去の自分」だけです。

できなかった自分が、できるようになる。

わからなかった自分が、わかるようになる。

これこそが、自分を成長させるために必要なものではないでしょうか。

この世にある「優劣」は、自分が決めたことです。だったら、自分でその「優劣の定義」を変えることができるはず。

これこそが「嫉妬心をコントロールする方法」なのです。

向けられた嫉妬心は勝手に変換

自分の嫉妬心は自分でコントロールできることがわかりましたね。

でも、相手のこころをコントロールすることはできません。向けられた嫉妬心には、どう対処すればいいでしょうか。

それは「相手の言葉を、こころの中で変換」してあげればいいのです。

嫉妬心をあなたにぶつけてくる人は、自分の「いいなぁ」「うらやましいなぁ」という気持ちを素直に言うことができません。

ですから、向けられた嫉妬心はすべてこう変換してあげましょう。

「うらやましい。太刀打ちできない。認めたくない。ごまかそう。自分を守ろう」

「スポーツはできるかもしれないけど、勉強ができないから全然ダメよ」

変換↓「スポーツができてうらやましいな。これで勉強もできたら太刀打ちできない。でもそんなこと認めたくない。ごまかして、自分を守ろう」

「あいつは収入が高くても、顔面偏差値は低いよね」

変換↓「収入が高くてうらやましいな。これでルックスまで良かったら、太刀打ちできない。でもそんなこと認めたくない。ごまかして、自分を守ろう」

「宝くじが当たったみたいだけど、どうせ人生破滅するわ」

変換↓「宝くじが当たったなんてうらやましいな。人生うまくいってるな。でもそんなこと認めたくない。ごまかして、自分を守ろう」

嫉妬してくる人は、自分と他人を比べて生きている、いわば生きづらさを抱えた人です。自分は常に上にいたいのに、どうやらあなたという「勝てなさそうな人」がいる。素直に「うらやましい」「いいなぁ」と認めるのは、悔しくてたまらない。でも、自分があなたより上になるスキルも時間も持ち合わせていない……。

そんなふうに悩んでいるなんて、嫉妬心を向けてくる人も、実は苦しんでいるのですね。

Don't worry! 04

悪口に誘われたときの対処法

口を開けば悪口ばかり……。

「ね？　あなたもそう思わない？」

こんなことばかりを言ってくる人との会話は、疲れてしまいますよね。

実は悪口は、言っているときに「気持ちのいい状態」になれるのです。悪口を言うのが気持ち悪かったら、誰も言おうとしませんよね。悪口を言うたびに通帳から千円ずつ自動的にマイナスされるとか、悪口を言うたびに寿命が1か月減るとかのペナルティがあったら、絶対に言いたくないはずです。

悪口はそれだけ、「言うと気持ちがいい」のです。

しかも、一人で言っていてはダメ。誰かと一緒に悪口を言うことが、とても心地いいのです。こういう理由で、悪口大会は楽しいのです。

Q 職場の同僚は、休憩中に悪口ばかり。一緒にお弁当を食べるのが苦痛です。

（28歳　Aさん）

とある工場で働いているAさんは、同僚が休み時間のたびに悪口を言うので、聞くのがしんどいと困っていました。

Aさんに、「悪口を持ちかけられたら、あなたはどうしているの？」と尋ねると、「そうだね、と共感してしまっています」とのこと。

自分が悪口の内容に共感できない場合でも、「そうなの？　それはひどいね」などと答えて、「相手に合わせてしまう自分も嫌です」と、自己嫌悪に陥っていました。

職場の同僚やクラスメイトなど、毎日必ず顔を合わせてしまうような人だと、波風を立たせたくないので、一挙一動に気を遣ってしまいますよね。

「私はそうは思わない」

「悪口なんて、言うのはやめよう」

と、言ってしまったら、次は自分が標的になるかもしれません。

「別に私は標的になっても構わない」という強いこころを持った人ならいいのですが、Aさんは「自分が標的になるのが怖くて言えない」タイプだったので、次の対処法を提案してみました。

話題が悪口になったとたん、極端に相槌や返答を少なくする

「○○さんって、仕事できないくせに偉そうなのよね。あなたもそう思わない？」

と話を振られても、

「うーん、ちょっとわからない」

「あぁ、うーん」

などと、考え込むふりをするのです。

相手はきっと、あなたが理解できていないのだと思い、さらなる悪口を繰り広げるでしょうが、それでもあなたは「うーん……」とお茶を濁し続けます。

相手はあなたの反応が欲しいのに、自分の期待したものではないとわかると、「あなたに悪口を言ってもつまらない」と感じます。

これを繰り返すと、徐々にあなたには悪口を言ってこなくなるでしょう。

逆に言えば、あなたが今まで「うんうん、そうだね」「それはひどいね」と共感していたので、相手も「もっと言おう」とエスカレートしてしまっていたのです。

中には、ただ単に自分の思う悪口を並べ立てて、言ったらすっきりするタイプの人もいます。

どちらかというと、こういうタイプのほうが相手をするのは楽かもしれませんね。「ふーん」と言いながら、スマホゲームでもしてしまえばいいのですから。

さっそくAさんが職場で試したところ、悪口の数が圧倒的に減った、と報告してくれました。

この対処法がなぜ効果的なのかというと、「相手はあなたの反応が欲しい」という人間の心理をうまく利用しているからなのです。

これを「**ストローク**」と言います。

人は誰でも、相手の反応が欲しくて行動をします。

わかりやすくいうと、小さな子どもは、親の気を引こうとして、泣いたり駄々をこねたりしますよね。

ショッピングセンターのおもちゃ売り場で「買って！ 買って！」と床に寝転がって泣き叫ぶ子を見たことがあるでしょう。子どもは、親が「恥ずかしいからやめなさい」「みっともないから、早く立って」と焦ることを知っています。そして「わかったわかった、買ってあげるから」と言ってくれるのを期待して、わざと泣きわめいているのです。

こういった、感情的なメッセージや、影響を与えるコミュニケーションのことを「ストローク」と言います。

ストロークには、プラスのストロークと、マイナスのストロークがあります。

プラスのストローク

○「おはよう」などの挨拶

○笑顔

○相手の話を「うんうん」と興味を持って聞く

マイナスのストローク

○「うるさい！」などの暴言や悪口

○無視

○怒った態度

ストロークは等価交換

人間はふつう、プラスのストロークが欲しいと思っています。

私はウォーキングを日課にしているのですが、ウォーキング途中に「おはようございます」「こんにちは」などと挨拶を交わすことがあります。

このとき、私は相手からも「おはようございます」「こんにちは」という返事や会釈（プラスのストローク）が返ってくることを期待しています。

でもときどき、相手が気づいていなかったりすると、返事がないことがあります。また、言われたことは一度もありませんが、「おはようございます」と挨拶をして、もし「うるさい！　黙れ！」と言われたら（マイナスのストローク）、「何よ、この失礼な人は！」と不快になるでしょう。

等価交換

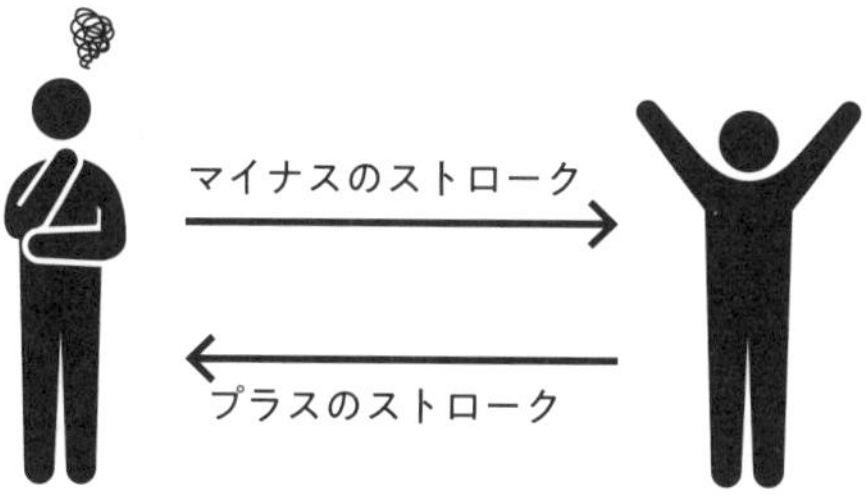

混乱

　プラスのストロークにはプラスのストロークが、マイナスのストロークにはマイナスのストロークが返ってくるのが普通です。ストロークは基本、等価交換なのですが、プラスのストロークにマイナスのストロークが、またはマイナスのストロークにプラスのストロークが返ってくると、私たちは混乱します。

「あの人って、偉そうだよね。自分の子どもがキャプテンに選ばれたのを自慢して、嫌な感じ」
「そうそう。わかるわ〜。頑張っ

たのは子どもであって、親じゃないよね」

これはマイナスのストロークに対して、マイナスのストロークを返していますが、

「でも、子どもがキャプテンに選ばれて自慢したくなる気持ちもわかるなぁ。私は、偉そうとは思わないけど」

これは、マイナスのストロークに対して、プラスのストロークを返していることになります。自分とは反対のストロークが返ってくると「なんなのあの人……」と、モヤッとするのです。

以前、ショッピングセンターで買い物をしていたとき、突然、男性に怒鳴られたことがあります。
どうやら私の押していたベビーカーが邪魔だったようで、「こんなところでそんなもん（ベビーカー）使いやがって！」と、いきなり怒鳴られたのです。とても驚き、恐怖を感じました。私は漠然と「ベビーカーを押している人には、世間は優しいものだ」と思っていたからです
私は、一瞬のうちに頭の中でいろいろ考えました。

近くに店員さんはいません。お客さんもいません。こちらには大切な赤ん坊がいます。何か危害を加えられては困ります。

走って逃げるか？　言い返すか？　謝るか？

どうしたらいいのかわからず、とっさに「反対のストロークを返す」ことを思いつきました。

私は、満面の笑みでにっこりと、笑顔を向けたのです。

その男性はそんな私を見て、「な、なんやお前は。外国人か。言葉が通じんのか」と言いましたが、私は変わらずにっこりと笑顔を返しました。

最初、男性は私にマイナスのストロークをぶつけました。相手は無意識に、私からもマイナスのストロークが返ってくると思っていたのに、それとは正反対の、しかも満面の笑みが返ってきたので混乱したのです。

男性は「なんだ、おまえ。気味が悪いわ」とブツブツ言っていましたが、私はその場をさっと立ち去り、事なきを得ました。

一番辛いのは「無視」

ストロークの大前提として、相手は、「反応が欲しい」と思っています。なので、反応がもらえないこと＝無視が、一番辛いことなのです。

悪口を持ちかけてくる人は、一緒にあなたと盛り上がりたいと思っているので、一番いい対処法は何の反応もしないこと、つまり「スルー」することです。

自分も一緒になって悪口を言うのではなく、「うんうん」とうなずくのでもなく、「そういうのよくないと思う」などと反対のことを言うのでもありません。「ふーん」と、興味のない態度でスルーしてしまえばいいのです。

ただ、立場や状況で「無視」をするのが難しいことも多いので、無視に近い状態で「興味のないふり」をしましょう。

相手はあなたに興味がないとわかると、興味を持ってくれる（同じストロークを返してくれる）人をまた見つけてくるので、気にしなくても大丈夫。

心置きなく、興味のない態度を取ってあげてください。

Column 3

わたくしは自分の価値観で生きています。色々なことを言われているのは知っていますけれども、それによってわたくしの価値観や生き方を変えるつもりはありません。たとえそのことによって誰からも好かれないとしても、構わないのです。

叶　恭子（『叶恭子の知のジュエリー12ヵ月』冒頭より）

叶恭子さんと、叶美香さん。メディア出演の際には、超高級ブランドを身にまとい、視聴者を驚かせています。

また、「グッドルッキングガイ」と呼ばれる、見た目もこころも美しい外国人の男性モデルを何人も虜《とりこ》にしているのはよく知られた話です。

美貌も富も名声も、すべてを手にしているような叶姉妹のお二人ですが、不思議なことに彼女たちへの批判的なコメントなどを目にしたことはほとんどありません。

支持をするそのほとんどが同性であり、高い人気を維持し続けているのは、ブレない考え方に魅力があるからでしょう。

その中でも、ひときわ驚いたのが、「グッドルッキングガイ」です。

常に複数の男性から熱烈に口説かれている恭子さんは、その日の気分でデートをする相手を選ぶと言います。

一人のグッドルッキングガイとデートの最中に、別のグッドルッキングガイがやってきて鉢合わせ……、なんてことも珍しくはないそうです。

恭子さんはグッドルッキングガイたちに、自分を独り占めされるのを好ましく思いません。それと同時に、グッドルッキングガイたちのことも、独り占めしようとはしません。

こんなことって、現代の日本では、「浮気」という行為にあたり、世間からバッシングされてしまいそうですが……。

「わたくしは、いわゆる恋人というカテゴリーを持ちません。

僕って何？　と聞かれたら、あなたが自分で考えて決めてくださいと言います。

ですから、『浮気』などという言葉とも無縁です」

このように、世間一般で言えば「自由奔放」「自分勝手」ととられかねない価値観でも、自分なりの信念があるために「誰かのために」その価値観を変えようとはしない、と断言しています（もちろん、その信念が、誰かにとってマナーやルール違反になっていないかは、常に考えているそうです）。

私たち人間は、他人の意見や価値観に、簡単に左右されてしまう生き物です。メディアが「はやっている」と報道すれば、そこには長蛇の列ができ、友達が「その服ダサイ」と言えば、もう二度とそれを着ることはなくなります。

確固たる信念や価値観がないと、誰かの「一見よさそうに見える」価値観が現れたとたん、そちらにこころが傾いてしまうのです。

昔は、他人の価値観を知る方法は、自分の生活圏内で出会う人か、メディアによる芸能人の発言や、新聞、書籍などしかありませんでした。

でも今は違います。ＳＮＳという便利なツールがあり、クリックひとつで世界のどこにでも発信でき、地球の裏側の情報も瞬時に得ることができるようになりました。

ＳＮＳは、他人の価値観であふれています。
同時に、自分の価値観に反するものへの批判も同じぐらいあふれています。

「こうするべきだ」
「○○しないなんて、おかしい」

さまざまな価値観がスクロールの数だけ目に入ってきますが、「いろんな価値観の人がいるなぁ」と思う程度にとどめておき、「私もそうしないといけない」だなんて思わないことです。
もちろん、自分の確固たる信念によってできた「価値観」に限って言えば……、ということを付け加えておきますが。

Don't worry!

Chapter 4

悪口に負けない思考法

Don't worry!

01

「反論しないと負けた気がする」誰にも負けていないし、反論なんて必要ない

誰かに何か嫌なことを言われると、言い返したくなります。

何も言い返せなかったりすると、「あのときこう言えばよかった」「なんで言い返さなかったんだろう」と悔しい思いが後からこみ上げてきます。

そんな思いを繰り返すと、「次こそは絶対に言い返してやる」とあらかじめ言い返す言葉を準備するようになり、「売り言葉に買い言葉」という状態が出来上がってしまいます。

そして最初は反論が目的だったのに、いつしか相手を言い負かすこと、相手の言葉を失わせることが目的になってしまいます。

「相手を言い負かす」と言いながら、あなたは一体、何に勝つのでしょう。

悪口を言ってきた相手の、何にあなたは勝てたことになるのでしょうか。

勝ち負けという使いやすい言葉を選んでいるだけで、本当は「悪口を言われて傷ついたので、相手も同じだけ傷つけてやろう」と思っているのではありませんか？

「自分の名誉を傷つけた相手に謝罪をさせたい」ために、反論しようとしてはいませんか？**反論してもしなくても、あなたは誰にも負けていないし、勝ってもいません。**そもそも悪口に反論しないことと、悪口の内容を認めたことは、イコールにはならないのです。一人でじゃんけんができないように、相手がいなければ勝ち負けの戦いになることはないのです。あなたは自ら、戦いの土俵に上がっていかなくてもいいのです。

言われた悪口は、徹底的に「スルー」するのが賢い選択です。どんな内容でも、誰から言われたことでも、対策は全く同じ。「スルースキル」を身につけることが大切です。

必要なもの：スルースキル

スルースキルとは、主に相手のコミュニケーションを受け流す能力のこと。英語で、「通過する」という意味の「スルー」と、「能力」という意味の「スキル」を掛け合わせて作られた現代語です。特に、他人から悪口を言われるなどのネガティブな言動をされたときに必要なスキルです。

スルースキルが高い人、低い人

スルースキルが高い人は、普段から考え方がポジティブです。他人からの悪意もひょいひょいと受け流せるため、ストレスを溜めにくく、人付き合いで無理をすることがありません。

人は人、自分は自分という「自分軸」がしっかりとできているため、人の目を気にすることがありません。他人と自分をはっきりと区別して考えられるので、物事を客観的に見ることができ、流されたり、振り回されたりすることもありません。

逆に、スルースキルが低い人は、考え方がネガティブで、「まぁ、いいか」と楽観的に捉えることができません。相手の言動をいちいち考え、わかりもしないのに裏を読み、違うかもしれないのに妄想をして落ち込みます。自分と他人の境界線があいまいなため、相手の意見に流され、振り回され、疲れ果ててメンタルを病んでしまいます。

スルースキルを身につけるには？

スルースキルは生まれ持った要素だけではなく、あなた次第で高めることができます。

ここでは、スルースキルを身につけるための5つの方法をご紹介します。

1　本を読んだり映画を見たり、とにかく視野を広げる

スルースキルの低い人は、残念ながら視野が狭くなりがちです。どうしても自分の考えをベースにしてしまうため、「きっとあの人はこう思ったはずだ」「笑っていたけど怒りを隠しているんだ」などと深読みしてしまいます。

世の中には、いろいろな人がいます。多彩なジャンルの本を読んで、「こういう性格の人もいるのか」「こんな考え方もあるのか」ということにどんどん気づきましょう。

自分とあまりにも考え方がかけ離れていると、「そんな人は存在しない。ドラマやテレビの世界だけの話」と思い込んでしまいますが、現実にはあなたが想像できないぐらいに奇抜な考えを持った人が存在するのです。

2「私は」を主語にする

スルースキルの低い人は、「相手に合わせる」ということをしてしまいがちです。相手に合わせると、無駄な争いが減って楽なのですが、「楽しいはずなのに、なぜかすごく疲

れる」「嫌じゃないけど、モヤモヤする」などの自覚のないストレスが溜まってしまうのです。

相手に合わせることに慣れているので、「自分の気持ちがわからない」「嫌かどうかもわからない」という人が多いのも事実です。そんなときは、「私はこうしたいから、これをする」と、「私」を主語にして考えるクセをつけてみましょう。

「私は、カレーを食べたい気分だから、カレーを選んだ」

「私は、ブルーが好きだから、この服を着ている」

など、日常生活のすべての動作に「私はこうしたいから、これにする」と自分を主語にした理由をづけます。

自分の行動は、すべて自分が決めているのだと自覚することが大切です。誰かに合わせるときも、「私は、Aさんの食べたいものを食べたいから、Aさんの提案したレストランに行くことに決めた」と、自分を主語にして理由づけしましょう。あなたは、あなたの意見をもっと大切にしてください。

3 客観的に見る

ことわざに「木を見て森を見ず」というものがありますが、これは小さいことにこころを奪われて、全体を見通ごしがちだというたとえです。スルースキルの低い人は、目の前のことだけを見ていると、物事の全体を把握することができません。

みなさんはグーグルアースというアプリを使ったことはありますか？ 地球上のあらゆる場所を、衛星写真で楽しむことができる無料のサービスです。客観的に見るということは、グーグルアースで言えば、「見下ろす視点になる」ということ。南米ペルーのナスカの地上絵も、地面に立っていればただの砂利地ですが、上空から見ると鳥やクモに見えますよね。

主観的に見ているだけではわからなかったことも、客観的に見れば、「そうか！ こういうことだったんだ！」と気づけます。

客観的に見るには、事実だけに注目することが大切です。事実にくっついている「嫌だなぁ」「苦しいなぁ」「面倒だなぁ」という感情や、他人の意見はひとまず横に置いて、実際に起こった事実だけを確認するようにしましょう。

ここでの大前提は、あくまでも「あなたの感情は、ひとまず横に置いておく」ということ。客観的に見ようとするあまり、主観を否定する必要はありません。事実が明確になったら、そこから自分の感じたことを少しずつ整理していけばいいのです。

最初のうちは、スルースキルなんて自分には到底無理だと思うかもしれませんが、ここでお伝えした3つの方法をひとつずつ忠実に行ってみてください。

3か月を過ぎたあたりから、自分が変わっていることに気づくでしょう。**今まで我慢していた自分のこころに耳を傾け、自分を大切にすることから、ポジティブ思考は作られる**のです。

仏教の開祖であるお釈迦様の話に、悪口について書かれたものがあります。

お釈迦様に嫉妬をした男が、お釈迦様にひどい言葉で悪口を浴びせました。

その男は、

「釈迦だって、悪口を言われたら言い返すだろう。その醜態を世間に知らしめてやる」

と目論んでいたのです。

ですがお釈迦様はひどい悪口にも一切反論せず、ただ黙っているだけでした。

男はお釈迦さまに、「なぜ何も言い返さないんだ!」と言います。

するとお釈迦様は男に尋ねました。

「もし他人に贈り物をしようとして、その相手が受け取らなかったとき、その贈り物は一体誰のものだろうか」

男は、

「相手が受け取らなかったのだから、贈り物は贈ろうとした者のものに決まっているではないか」

そう答えてすぐに「あっ」と気づきました。

お釈迦様は静かにこう続けます。

「今、あなたは私のことをひどくののしった。でも、私はそれを少しも受け取らなかった。だから、あなたが言ったことはすべて、あなたが持ったままなのです」

どうでしょうか。お釈迦様の話を読んで、腑に落ちたのではありませんか?

相手の悪口に反論するのは、すなわちその悪口を受け取ったということです。

私たちには、他人からの「お届け物」をすべて受け取る義務なんて全くありません。欲しいものだけいただき、あとは受け取り拒否をすればいいのです。どんな「お届け物」でも、受け取ってしまえば、それは受け取った人のものとなり、さらには処分する手間が発生します。ゴミ同然の「お届け物」を、わざわざあなたが丁寧に処分してあげなくてもいいとは思いませんか?

戦いのリングに上がらなければ、勝ちも負けもないのです。

Don't worry! 02

「悪口を言われるのは自分が悪いから？」その思考が危険なワケ

私の YouTube の動画コメントに、こんなものがありました。

「私はよく相手をキレさせてしまいます。私が悪いのでしょうか」

この思考は間違いです。私はすぐさま、「その考え方が危険だ」という返答動画を出しました。

なぜ危険なのかというと、これはＤＶ被害者の思考と全く同じだからです。

ＤＶとは、ドメスティック・バイオレンス（Domestic Violence）の頭文字をとったもので「夫婦や恋人など、親密な関係にある、またはあった者から振るわれる暴力」のこと。

もちろん、ひとくちに暴力と言っても殴る・蹴るといった身体的暴力だけではありません。「バカ」「ブス」などの暴言は言葉の暴力ですし、生活費を渡さないなどの経済的暴力や、同意のない性行為、スマホのカメラを使った性暴力も含まれます。

道を歩いているときに、いきなり見知らぬ人に暴言を吐かれることはめったにありませんし、たとえあったとしても、

「なにあれ。変な人……」

「下手に関わると何か被害に遭うかもしれない、危険な人だ」

と、暴言の理由は相手にあると思うのが普通です。

でも、DVは親しい間柄で起きることなので、

「あんなに怒るなんて、私に暴言を吐かれる原因があったんだ」

と、自分が受けた暴力を、いったん受け入れてしまうのです。

DV加害者は、本当は暴力がよくないことだとわかっています。よくないことをしている自分を正当化するために、

「おまえが悪い人間だから、殴られても仕方がない」

「おまえは生きるのに値しない人間だ」

「おまえはひとりでは何もできない」

などと言うのです。

DV被害者もまた、本当は暴力がよくないことだとわかっています。健康なこころの持

ち主であれば、「暴言を吐くなんて、ひどい！」と反発できるのですが、日ごろからDV被害に遭っていると、正常な判断ができなくなり、

「私が悪い子だからこんな目に遭うんだ」

「私が良い子になれば、暴力はなくなるんだ」

と、自分が受けたDVに正当な理由を見つけようとします。

「相手が怒るのは自分に非があるから……」

と、物事の良し悪しの判断が、すべて相手基準になってしまうのです。


DVを受けるのと、悪口を言われるのにはあまり関連がないように思えるかもしれませんが、「悪口を言われるのは私が悪いからだ」という考え方は、まさにDV被害者と同じ。自分が受けた悪口に、正当な理由を無理やり作り出しているのです。

悪口というのは、相手があなたに対して勝手に思ったことにすぎません。

それについて、あれこれと他人軸で物事を考えるのは、こころを不健康にするだけです。自分を責め続けると、こころはボロボロになり、うつ病などのこころの病のきっかけになってしまいます。

「ま、いいか」と思える人もいるのに、なぜ自分は「私が全部悪いんだ」と、自分を責めてしまうのでしょうか。

いきすぎた責任感は危険信号

ずっと「私が悪いんだ」という思考で生きてきたのに、急に「それは間違いです」と言われて、戸惑わせてしまっていたら申し訳ありません。

ひとつずつ説明しましょう。

「私が悪い！　全部私のせいなんだ！」

と強く思ってしまうのは、「**いきすぎた責任感**」と言えます。「責任を必要以上に取りすぎてしまう」のです。

ひょっとすると、恋人とデートをするときに雨が降ったら、「ごめんなさい」と申し訳ない気持ちになっていませんか？

一緒に行こうと友達を誘ったカフェが、長蛇の列で何十分も並んだときも、「こんなところに誘ってごめんね」と気にしてはいませんか？

「いきすぎた責任感」は、あなたが全く影響を及ぼしていないことにまで「自分が悪い」

と申し訳なく思わせてしまうのです。

「帰り道が大渋滞でごめんね」

「お目当ての物が買えなくてごめんね」

「食事がおいしくなくてごめんね」

……これを見て、おかしく思えた人は正常です。

大渋滞なのも、売り切れなのも、おいしくないのも、全く本人には関係がないのですから、謝る必要は一切ありませんよね。

ですが本当に、こうやって「私のせいじゃないけど、あなたが不機嫌になったのは私のせいです。ごめんなさい」と思ってしまう人がいるのです。

実は、これまでに挙げた「いきすぎた責任感」は、すべて私の実体験です。

私は誰かと出かけたとき、渋滞に巻き込まれたら「私が悪い気がする。ごめんね」と心底思っていました。

お目当ての物が売り切れだったら、「もっと早く買いに行けばよかったね、ごめんね」と。

食事がおいしくなければ、「違うお店にしようって提案できなくて、ごめんね」と。

もう、天気が雨でも「ごめんなさい」、観戦した試合で応援していたチームが負けても「ごめんなさい」。

とにかく、すべてのよくない出来事の原因が、自分にあるような気がしてしまっていたのです。

私は、交通網を操る能力も、天気を左右する能力も、もちろん持っていませんから、自意識過剰だと言われればそれまでです。改めてこのように書くと、なんと自分が思い上がっていたのかとおかしくなりますが、当時は本気でそう思っていたのだから大問題です。

でも、どうして私はこれほどまでに「すべて自分が悪い」と思ってしまっていたのか……。

その答えは、「人の顔色をうかがうのが得意だった」からなのです。

人の顔色をうかがう毎日は危険信号

私は、人の顔色から、機嫌を推測するのが得意です。

だからカウンセリングをしていても、相談者さんのわずかな表情の変化や、話の間の取り方、しぐさ、呼吸の仕方に至るまで、小さな情報を見逃さずに、「今、こんな気持ちなんじゃないか」「何かを隠しているんじゃないか」と予測することができるので、今でこそよい才能だと思っています。

ですが、以前はこの「人の機嫌が手に取るようにわかる」のが、苦痛で仕方がありませんでした。

「あ、今、楽しくなさそう!」

「きっとイライラしてる!」

たとえ人の機嫌がわかっても、知らん顔でいればよかったのですが、当時の私はそれができませんでした。

どうしたら相手の機嫌がよくなるのか、どうしたらイライラが収まるのか……。

相手の機嫌を取るのが「当たり前」だったのです。

そもそも、私がどうして人の顔色をうかがい、機嫌を取る人間になったのか。

それは、家族関係にありました。

私は三姉妹の末っ子です。

一番上の姉とは7つ離れているので、子どもの頃はほとんど遊んだ記憶がありません。

2番目の姉とは3つ違いなので、よく遊んだし、もちろんケンカもたくさんしました。

姉同士のケンカも間近で見てきたし、姉と父、姉と母のケンカも目の当たりにしてきました。

私はその中で、どうやら無意識に「ケンカを仲裁する役割」を、自分で引き受けようとしていたようです。

もちろん、家族の誰にもそんなことを強要されたわけではありません。虐待されるようなこともなかったし、「お前が悪い」と言われたこともありません。

私が顔色をうかがう人間になったのは、誰のせいでもありません。

おそらく、「みんなで仲よくしてほしい」という思いが強かったのだと思います。今でも、スポーツでもゲームでもなんでも、勝ち負けを決めるのは好きではありません。みんなで楽しむことが好きなので、悔しい思いをするのも、させるのも苦手です。

そんな私ですから、周囲に問題が起きたとき「私がムードメーカーとなって、この場を和ませよう！」と無意識に頑張ってきたのでしょう。

「不機嫌な人がいるから、私がムードメーカーになろう」

「不満に思わせないために、私がたくさん喜んでみせよう」

という思いは、いつしか、

「私が役に立たないから、周りが不機嫌なんだ」
「私の喜び方が足らないから、相手が不満そうなんだ」
に変わっていき、この考え方を積み重ねて、「他人の不機嫌は私のせい」という「いきすぎた責任感」を持つ人間に育ってしまったのです。

自分の問題と他人の問題を混同するのは危険信号

「いきすぎた責任感」がクセになると、「他人の問題と自分の問題の区別」がつきにくくなってしまいます。

相手がイライラしたり不機嫌になったりするのは、相手の問題であり、自分の問題ではありません。私たちは、自分以外の人の感情を操作することはできないのです。「他人の機嫌を取る」ということは、相手の問題に介入し、相手の機嫌を操作しようとしているのです。

自分の感情は自分だけのもの。この原理原則に逆らおうとすると、無理が生じてストレスとなり、こころに負担がかかってしまうのです。

誰の問題なのかを見極める

相手が不機嫌なのは、相手の問題であり、あなたの問題ではありません。

何か問題が起きたときに「私がなんとかしよう」と真っ先に思うのをやめ、「これは誰と誰の問題なんだろう」と、責任を取るべき人をはっきりさせるように考えましょう。

Don't worry!
03

一緒にいて疲れる友達は「ただの知り合い」に格下げしてOK

友達の定義が広すぎる

友達は多いですか？　それとも、少ないですか？

私はよく、「知り合いが多い」と言われます。自分でもそう思いますが、それをすべて「友達」だとは思っていません。

よく、「一回会ったら全員友達みたいなものだ」と言う人がいます。そのように言えるのはある意味で豪快で素晴らしいのですが、おそらく本心から言っているのではなく、その場を盛り上げるサービストークであったり、自分のキャラづくりのひとつであったりすることがほとんどでしょう。

「知人」「知り合い」を、便宜上まとめて「友達」と呼んでいるだけであることも多いのですが、そのような人は明るく元気で、目立つ存在でもあるため、私たちは「友達は多いほうがいい」「友達が多いと人望があるように見える」と思い込んでしまうのです。

でも、本当に友達の数は多いほうがいいのでしょうか。

入学シーズンになると、童謡「一年生になったら」の歌詞のように、お父さんやお母さんは、「友達ができるかな」と子どもの人間関係を気にします。

学校の先生も、「お友達とは仲よくしましょう」とクラス内の平和を謳《うた》います。

こんな中で育ってきた私たちは、いつしか友達の数が自分の評価のような錯覚を起こしてしまっているのです。

クラスなんて、ただ単に、同じ地域に住んでいる、同じ年齢の人間の寄せ集めにすぎないのに、仲よくしないと「悪」のようなイメージを持ってしまうのです。

学校だけではありません。

同じ地区に住んでいる、子どもが同じ年齢というだけの「ママ友」同士も、仲よくしないと「あの人は、変わってる」と言われます。

職場でもそうです。

たまたま同じ勤務先というだけで、仲よくしないと「協調性がない」と言われます。

単なる「知り合い」なのに、それを「友達」と混同してしまうから、仲よくしないといけないと思い込んで、嫌われないように無理をしてしまうのです。

友達の定義の広さは、海の広さと同じです。友達が多いということは、コントロールできなければ辛い思いをしてしまいます。すなわち、海で溺れるのと同じことなのです。


友達が百人いると、想像してみてください。

百人もいるのですから、あなたの趣味とぴったり合う友達が見つかるかもしれませんね。気軽に買い物に行ける友達もいるだろうし、悩みを打ち明けられる友達や、困ったときに助けてくれる友達もできるかもしれません。

でも、自分が百人の友達に期待することは、相手も同じだけあなたに求めているのと同じこと。


人間関係で疲れてしまったら、一度、「友達」と「知り合い」に整理してみるだけでも、気持ちがすっきりとします。

友達関係で大切なのは量ではなく質

あるとき、お母さんが高校生の娘さんを連れて相談に来ました。

「娘が片時もスマホを手放せなくて、困っているんです」とのこと。

本人に聞いてみると、毎日毎日、友達のSNS投稿に、こまめに「いいね」をつけたり、コメントを書いたりするのに忙しく、気がつくとあっという間に1時間も2時間もたっているのだそうです。

もし自分がコメントや「いいね」をつけなければ、自分のSNSにも誰も「いいね」をつけてくれなくなる。それに、みんなが「いいね」をつけているのに、自分だけつけないと悪目立ちをしてしまう、と気にしていました。

彼女に「楽しい？」と尋ねると、「楽しいっていうより、やらなきゃ仲間に入れない」と、ポツリと言いました。


これが、友達を「質より量」で選んでしまっている典型的な例です。

気の合わない友達でも、いないよりはマシ。少ないよりは多いほうがいい。合わなくても、我慢をしても、みんなが楽しかったらそれでいい。

そんな考えで友達と接していたら、疲れてしまいます。楽しくてやっているのなら、それは「趣味」や「娯楽」ですが、そうでないのなら、毎日課せられた「宿題」と同じ。しかもその「宿題」は、やってもやっても何ひとつ身につかないのですから、虚しいだけです。

彼女の問題は、スマホが手放せないことではなく、友達関係を手放せないことだったのです。

大勢いる友達グループの中で、自分が一番「いいね」をつけていても、仲間外れにされるときはあっという間です。毎日、誰かの投稿に「すごい、わかる」と共感コメントを入れても、悪口を言われない保証はどこにもありません。

私が彼女に、友達を「量」ではなく「質」で選ぶほうがいい、とお伝えしたところ、本当にいいと思ったものにだけ「いいね」をつけ、共感するものにだけコメントをつけるようにすると、自分で考えて言ってくれました。

すぐに行動と考えを切り替えることは難しいですが、「量より質」という考え方を知っていれば、無意識に「質」の良い、つまり自分に合う友達を見つける感性が養われていくのです。

距離を置いたほうがいい友達

ハッキリ言いますが、一緒にいて疲れる友達は、もはや友達ではありません。距離を置いて、友達から「知り合い」に格下げしてしまいましょう。

私が考える、距離を置いたほうがいいと思う友達の7つの特徴を挙げてみました。

1 いつも愚痴を言う

「私なんてどうせ……」

「でもさ、それってどうかと思う」

いつも愚痴ばかりを言っている人は、残念ながらあまりいい友達とは言えません。ネガティブなパワーは思った以上に強く、そばにいるあなたもその渦に巻き込まれてしまいます。そして、はまるのは簡単なのに、抜け出すのは難しいのです。

また、愚痴ばかり言う人は、あなたのことを愚痴のはけ口程度にしか思っていません。愚痴を聞いてほしいときだけ連絡してくるような友達がいたら、まずその関係は清算してもOK。LINEも電話もスルーして、もっとあなたに楽しい話題を提供してくれる人と、仲よくしましょう。

2 人の悪口が多い

悪口の多い人とは、言うまでもなく距離を取ったほうがいいでしょう。

悪口は愚痴以上にネガティブなパワーを持っています。いつも悪口を言っている人は、眉間にしわが寄っていて、見るからに意地悪そうな顔をしていると思いませんか？

表情というのはこころを表す鏡なので、どんどん不細工な顔つきになっていきます。

あなたは聞いているだけのつもりでも、他人から見れば「一緒に悪口を言っていた」と思われ、あなたまで不細工になっていきます。

また、**悪口の多い人は、あなたがいない場所で、必ずあなたの悪口も言っています。**

「私に悪口を言うのは、私を信用しているからだ」という思い込みは捨てましょう。

LINEなどで悪口になった場合、絶対に発言してはいけません。スクリーンショットを撮られたら、もう取り消すことはできないのです。

悪口になったら、その場を離れるなど物理的に距離を置くのが一番ですが、それでも相手が変わらなければ、関係を見直しましょう。

3　どうでもいいことで嘘をつく

「嘘も方便」ということわざがあるように、嘘をつくのは、ある程度は仕方ないかもしれません。ですが、どうでもいいことで嘘をつく人は要注意です。

高校生の頃、「グッチの財布を買った」などと自慢をしてくる子がいました。

私はその子がよく嘘をつく子だと疑っていたので「すごい！　じゃあ、見せて」と言うと、「昨日父親とケンカして、捨てられた」と言い、見せてもらうことはありませんでした。

どうでもいいことで嘘をつく人は、自分をよく見せたいと思っています。

今まで生きてきた中で、とっさの嘘で切り抜けた成功体験が数多くあるのでしょう。今後もその人は、何かあるたびに嘘でごまかし、自分をよく見せようとするはずです。

また、嘘をつくことがクセになってしまっているので、何ひとつ信用することができません。

そのたびに「すごいね」と持ち上げたり「嘘なんでしょう？」と疑ったりするのは疲れます。

嘘つきと関わっても、この先ろくなことがないのは明らかです。

4 平気で約束を破る

「絶対に内緒にするって約束したのに、秘密をバラしていた」
「遊ぶ約束をしていたのに、当日の朝にドタキャンした」
「取引先に訪問すると言っておいて、訪問しなかった」

約束といっても、軽いものから重要度の高いものまでさまざまですが、どんな約束であれ、約束を平気で破る人との付き合いは、考え直したほうがよさそうです。

約束を破る人というのは、そもそも、その約束を守る気がありません。

約束をした相手のことよりも、自分の気分を優先しがちなので、「だって行きたくないんだもん。やりたくなかったんだもん。仕方ないじゃない」と平然としています。

また、約束を破ることへの罪悪感が薄いので、「何か言われたら、謝っておけばいいか」と軽く考えています。

こういう人は、今までもこれからも自分を最優先に考えるので、周囲の人間は振り回されて疲れます。無理に付き合う必要はありません。

5　無神経・デリカシーがない

「太ったね」

「その服、変だよ」

「せっかく選んでくれたプレゼントだけど、これはいらないわ」

など、相手にとって心地の悪い言葉をポンポンと投げつける人がいます。

こういった人は「無神経」「デリカシーがない」と嫌がられますが、その一方で「本人に悪気はないから仕方がない」と、かばう言い方をする人もいます。

ですが、私はそうは思いません。悪気がないからこそ、問題なのです。

悪気があるならまだマシで、悪気なく人を傷つけるほうが致命的だとは思いませんか。

もし、あなたの周りに無神経でデリカシーのない人がいたら、深く関わらないようにしましょう。関わっても、無駄に傷つくだけです。

「無駄に」、とあえて書いたのは、「傷ついた」と伝えたとしても、無神経がゆえに全く聞く耳を持ってもらえないからです。

6 自分が得をする・有利になることしか考えていない

自分が得をする・有利になることしか考えていない人は、その結果、相手が損をしたとしても全く気になりません。

たとえば、手土産でケーキをいただいたとして、箱の中のケーキがすべて違う種類だった場合、ほとんどの人が「どれがいい？」「じゃんけんで勝った人から好きなのを選ぼう」と、お互いに譲り合いますよね。

でも、自分が有利になることしか考えていない人は、「私、モンブラン！」と、誰よりも早くお目当てのケーキに手を伸ばします。

カラオケに行っても、自分ばかり連続で歌を入れたり、出先で「何か飲みたいからカフェに入ろう」と提案しても、「私は飲みたくないからカフェには行かない」と言ったり……。

その人だけが楽しんで、あなたはちっとも楽しくない。そんな付き合いに思い当たる節があれば、そっと距離を置きましょう。

自分のことしか考えていない人とは、付き合うだけ時間とメンタルの無駄遣いです。

肯定から入るか否定から入るかで、人生は大きく変わる

7　なにかと否定する

人は、肯定から入る人と、否定から入る人とに分かれます。

「今度ホテルのランチ行かない？」と誘ったとき、肯定から入る人は「いいね！　行こう！」と言い、否定から入る人は「えー、でも値段が高そう」などと言います。かといって、ランチのお誘いを断るわけではなく、結局は行くのですが、そこでもまた「量が少ない」だの「味が薄い」だの、なにかと否定をします。

物事をまず否定する「クセ」のようなもので、本人にとっては「批判してやろう」という悪意はないのですが、一緒にいていい気持ちはしませんよね。

私も以前、「海外旅行に行きたい」と言ったら「飛行機は酔うから大嫌い！ 私は海外に行きたいなんて微塵《みじん》も思わない！」と力を込めて言われたことがあります。とても不愉快な気持ちになりました。

自分が特に行きたい・したいと思わなくても、それを望む相手が目の前にいるのにわざわざ否定をするのは、人間力が低いからです。

「あなたって、いつも否定するよね」とサラリと指摘して、それでも変わらなければ残念ですが離れましょう。

Don't worry!
04

どうしてあなたには辛いことが次々と降りかかるのか？

嫌なこと、辛いことがあると、「どうして私はこんなに不幸なんだろう」と思い詰めてしまいますよね。

でも、本当にあなたにばかり辛いことが降りかかっているのでしょうか。今あなたの隣にいる人は、あなたより不幸ではないのでしょうか。そもそも、不幸とはいったいなんなのでしょうか。

私もかつて、自分が幸せとは縁遠いような気がしていました。結婚をして、子どもが産まれて、生活に困ることもなかったのですが、漠然と「幸せではない」と思っていました。

そんな私が目を覚ました出来事があります。

２０１１年３月の、東日本大震災です。

地震発生時から時間がたつにつれ、被災地の様子がわかるようになりました。津波で破壊された建物、流された車、つぶれた家……。

「もし私だったら、とてもじゃないけれど生きていけない。絶望しかない」

と思いました。

そんな中で、はっきりと覚えている映像があります。それは、被災地の方のインタビュー映像でした。

ある男性が、手作業で泥を掘り、がれきをどけていました。

「多分、この下に家族が埋まっていると思う。早く見つけてあげないと」

それを見たとき、私は衝撃を受けました。

この男性は、こんな絶望的な状況なのに、どうして体を動かすことができるんだろう？ 私だったら、辛くて苦しくて、きっと泣き暮れて起き上がることもできないのに、なぜこの人はこんなことができるの？

そして、その方はこう言いました。

「命が助かったんだもん。俺は生きてかなきゃ、ならないからさ」

家族が亡くなったかもしれず、絶望を感じていないわけがありません。でも、この男性は自分にできることをしていたのです。

このとき、初めて人生というものを真剣に考えました。

絶望して、苦しんで、私なら「もうこんな辛い人生なら、やめてしまおう」と思うような状況なのに、この方は人生を諦めていない。

私もこの方のように、何があっても「生きてかなきゃ、ならないからさ」と、歯を食いしばってでも、前を向ける人間になりたい……！

この方と私の違いは、いったい何なんだろう……。


このときに見つけた答えが、「こころ」だったのです。


家がない。

車がない。

職場もない。

お金がない。服もない。食べ物もない。

通帳がない。印鑑もない。銀行もない。

お金を貸してくれる人もいないし、自分の身分を証明するものも、何もない。

そんな状況でも生きていくために必要なのは「こころ」であり、「こころ」のありかたひとつで、前向きにも、後ろ向きにもなるんだ。

どうせなら私は、前向きになれる「こころ」を持っていたい……。

今、当時の自分を振り返ってみると、私はいつもあることをしていました。

それは「不幸探し」。

道端に咲いたタンポポを見て「幸せだ」と思う人がいる一方で、何億もの資産を抱えているのに「不幸だ」と思う人もいる。仕事が見つからなくて「不幸だ」と思う人がいれば、芸能界で活躍しているのに自殺を選んでしまう人もいる。

幸せにも、不幸にも、世界共通の認識なんてものはありません。どんな状況でも自分の感じ方ひとつで幸せにも不幸にもなるのだと、そのときはっきりとわかったのです。

今「自分には不幸ばかり降りかかる」と思っているのなら、それは間違いなく、あなたが不幸にばかり注目しているからです。視点を変えるだけで、不幸感は減らすことができるのです。

不幸から抜け出す3つの考え方

1　不幸な出来事を探さない

「自分は不幸だ」と思う人は、不幸な出来事を見つけるのが大の得意です。

日常のなんてことのない一コマにも、不幸な理由を見つけてしまいます。


出かけようと思っていたのに雨が降ったら「雨女だ」

仕事でちょっとしたミスをすると「私なんて何をやってもダメ」

「ほらね、やっぱり。私なんてこんなもんだ」

と、いつもネガティブなことを見つけているのです。

考え方や思考というのは、脳のクセのようなもの。キャッチボールで間違った投げ方をしていたら肩を痛めてしまうように、間違った考え方をしていたら、こころがすり減るだけです。

また、不幸な出来事を見つけるのにうってつけなのが、報道ニュースです。

毎日、あらゆるネガティブな情報がニュースとして流れています。

それは私たちの暮らしに必要な情報でもあるのですが、事件や事故を「単なる情報」として処理できないのなら、見るのを控えるほうがいいでしょう。

どこかの国の戦争も、日本の増税も、台風の被害も、私たち個人が努力をして阻止できるものではありません。

知ることは大切ですが、それはあくまでも情報であって、あなたの感情はまた別物です。

テレビ番組だけではありません。特にSNSは、どこかの誰かの、日常の愚痴やストレスのたまり場です。

「自分だけじゃないんだ、よかった！」

と思う程度ならいいのですが、感情を適切に処理できないうちは、あまり見ないようにするのもひとつの方法です。

不幸を見つけるのが上手でも、何の得もありません。

どうせなら、幸せなことを見つけてみませんか。

2 「よかった探し」をする

不幸な出来事を探す代わりに、よかった出来事を探す「**よかった探し**」。

私が小学生の頃に見たテレビアニメの主人公「ポリアンナ」は、「よかった探し」が得意でした。

不幸探しが得意な人は、日ごろから「よかった」「楽しかった」などのポジティブなものに注意が向きません。

今でこそ私は「今日も平和な朝が来て幸せだ」と生きていることを幸せに思えますが、最初のうちはそのようになかなか思えず、苦労しました。

ぜひ、ポリアンナの「よかった探し」を、あなたもやってみてください。

・毎日、「よかった」「楽しかった」と思えた、ポジティブなことを紙に書く。
・紙を折ってビンの中に入れる。

ツーステップ、たったのこれだけ。コツは、寝る少し前のリラックスタイムに「よかった探し」をすること。よかったことは、3つぐらい欲しいものですが、最初のうちはひとつでも構いません。

以前、これをあるクライアントさんにしてもらったところ、「よかったことが3つもなくて、泣きそうになりました」と言われたことがあります。

無理に3つ探そうとするよりも、たったひとつでも構わないので、まずは見つけることから始めてみましょう。続けていると、日常のささいな出来事に「あ、これはよかった探しに書ける！」と、意識が向くようになります。

心理学の言葉で、「カラーバス効果」というものがあります。これは、**意識していれば、その情報が多く自分に集まってくる**、というもの。

財布を買おうと思っていると、他人がどんなものを使っているのか、自然と財布に目が行きますよね。それと同じで、「よかったことを探そう」と意識するだけで、よいことがあなたに集まってくる現象が起きるのです。

ビンがいっぱいになったら、それを開いて改めて読んでみましょう。

「よかったメモ」を読んでいると、「よかったこと」を繰り返し味わうことができ、楽しい気持ちになれるので、おすすめです。

3　思い込みの書き換え

人には誰しも、「思い込み」があります。

「雨女だから、お出かけするといつも雨が降る」

「大学卒でなければ、有名企業に就職できない」

このようなネガティブな思い込みは、その名の通り「その人の思い込み」にすぎず、世界共通の認識ではありませんよね。

あなたという人間とお天気には全く関連がありませんし、大学を卒業していなくても有名企業に就職している人は多くいます。

それでも私たちは、自分で勝手に思い込みを作っています。

この思い込みのことを、「ビリーフ」といいます。

ビリーフとは、たとえるなら、色つきの眼鏡をかけているような状態のこと。

黒いレンズの眼鏡をかけていたら、世界は黒く見えるし、黄色いレンズの眼鏡をかけていたら、世界は黄色く見えます。

このように、**世界の見え方・現実の捉え方は、自分が選んでかけている眼鏡の色によって、どうにでも変わる**のです。

今、「私は不幸だ。友達には裏切られるし、私なんて価値がない人間だ」と思っていたとしたら、それは「不幸で、裏切られて、価値がない」というレンズの眼鏡をかけて世界を見ているということ。

道端に咲いたタンポポを見て、こころから「幸せだ」と思えるようになりたいのなら、そういうレンズの眼鏡をかければいいのです。

とはいえ、現実にはそのような眼鏡を手に入れることはできませんから、自分で考え方を変える必要があります。

でも、何十年と生きてきた自分の考え方を、ある日を境にそっくり変えてしまうことはできません。

これまで長い間、自分と一緒に生きてきた分身のようなものですから、バイバイと手を振ってお別れをしても、ふとした瞬間に「ただいま」と戻ってきてしまうのです。

では、どのようにビリーフを書き換えればいいのでしょうか。

それはとても簡単です。

「雨女だから、お出かけするといつも雨が降る」

そう思ったら、「じゃあ、雨のお出かけが楽しくなるように、お気に入りの傘を買おう」と、「雨」というネガティブな思い込みを、ポジティブに変えてしまうのです。

「大学卒でなければ、有名企業に就職できない」

そう思ったら、有名企業に就職している、大卒ではない人を検索するのです。インターネットを使えば、そんな情報はあっという間に見つかりますよね。

ネガティブな思い込みをしていると気づいたら、無理やりにでもポジティブな側面を見つけるのです。

こじつけでも、多少無理があっても構いません。自分がいかにネガティブに捉えていたのか、呆れるまで繰り返してみてください。

自分がネガティブに考えていることでも、他人から見たらポジティブなことはよくあります。

それは「思い込み」かもしれない

コップに半分、水の入った状態を見て、「半分しか水が入っていない！　どうしよう！」と思うのか、それとも「半分も水が入ってた！　ラッキー！」と思うのか。

私たちはそれを、自分で決めることができるのです。

私はどんなことでも、まず「いいね！」と言うようにしています。

ミセスコンテストに出場するファイナリストたちにスピーチを教えていたとき、ほとんどの人が「私は上がり症です」「人前で話すのが苦手です」と言っていました。

私はそれを聞いたら間髪入れずに「そうなんだ！　いいね！」と笑顔で返します。

誰もが「え？」という顔をします。

もちろん、大きなステージに立って、大勢の観客の前でスピーチをするのですから、「上がり症で、人前で話すのが苦手」なのが、「いいね！」なはずはありません。

でも、あえて私は「いいね！」と言います。

「それって、緊張して脳内が戦闘モードに入ってるってことだよ！　気が抜けたスピーチよりも、ピリッと緊張感のあるスピーチができるはず！　その空気感に観客を巻き込めたら、その場が自分のものになるね！　緊張を味方にしちゃおう！」

そう言うと、みんな「そっか、そういう考え方をすればいいんだ！」と前向きに捉えてくれました。

どんなことでも、まず「いいね！」と言う。そしてそのあとに、いいねの理由を考える。

ポジティブ変換がクセになれば、いつのまにかネガティブな思い込みがなくなっていくのです。

Don't worry! 05

私たちを縛る「べき・ねば思考」

私たちが影響を受けているもの

私たちは、「環境」と「繰り返し」の影響を常に受けています。

「環境」とは、日常生活の中で習慣として持っているもので、子どもの頃から親に言われてきた言葉が積み重なってできています。

「ご飯は残さずに食べなさい」

「寝る前には歯を磨きなさい」

などがこれにあたります。

「繰り返し」とは、自分自身との会話のことです。

私たちは、無意識のうちに1日6万語以上も、頭の中で繰り返しているのだそうです。

今、あなたはこの本を読みながらも、「そろそろ休憩しようかな」「コーヒーが飲みたいな」などと、頭の中で会話をしているのではないでしょうか。

1日6万語以上ですから、その中には毎日繰り返している言葉があるはずです。

「疲れた、しんどい」

「楽しい、嬉しい」

「眠い。やりたくない。やめたい」

「よし！　頑張ろう！」

どうでしょう。あなたは毎日、どんな言葉を繰り返していますか？

私たちが無意識のうちに頭の中で繰り返している言葉は、環境によって作り出された習慣です。

毎日、頭の中で他人への文句や愚痴などネガティブなことを多く繰り返すのと、幸せや感謝などポジティブなことを繰り返すのでは、どちらのほうが脳に良い影響を与えるでしょうか。

鏡を見て「私って不細工だなぁ」と毎日思っていると、脳は「そうか、私は不細工なんだな。オッケー。ずっと不細工でいるように、指令を出しておくね！」と解釈します。

逆に「私って、結構イケてる」と毎日思うようにすれば、脳は「そうか、私って結構イケてるんだな。オッケー、これからもイケてるように、頑張るね！」と、「イケてる自分になる指令」を出し続けます。

こうやって頭の中で繰り返されたことは、コツコツとたまっていき、それが「価値観」になるのです。

価値観とは

価値観とは、自分が大事にしている考え方のこと。

価値観は人によってさまざまですが、価値観の近い人に会うと、私たちは「わかってくれる」「話が合う」と感じますよね。

私は猫が大好きなので、結婚する相手も猫好きな人がいいと思っていました。これは私の結婚に対する価値観のひとつです。そして、やはり猫好きの夫と結婚し、今は３匹の猫と幸せに暮らしています。

ここで、「猫好き」という価値観とは逆の人と結婚していたらどうだったでしょうか。私が「猫を飼いたい」と言っても、「生き物を飼うことは反対」という価値観を持っている人だったら、おそらく結婚生活には大きな不満が出ることになったでしょう。

価値観は、とても大切な考え方の要素なのです。
「価値観」というと、とてもよいもののように思えますが、実は「よくない価値観」も存在します。それは「べき・ねば思考」です。

「べき・ねば思考」

あなたが持っている価値観で「するべきだ」「〜ねばならない」と思っていることは何でしょうか？

友達とは仲よくするべきだ
年上の人は敬うべきだ
人には優しくするべきだ
学校には行くべきだ
親の言うことは聞かなければならない
困った人を見かけたら助けなければならない
期待に応えなければならない

完璧でなければならない

このような価値観を、私を含め、多くの人が「べき・ねば思考」と呼んでいます。

「べき・ねば思考」は、誰もが無意識に持っているものですが、自分の行動に制限をかけることにもなり、ストレスのもととなってしまうのです。

「子どもに学校に行ってほしい」

不登校や行き渋りの子を持つ親御さんは、みなさん、そう悩んでいます。

私が「なぜ学校に行かせたいのですか？」と尋ねると、

「学校には行くべきだから」

と答えます。

「義務教育は行く義務があるから」

「せめて高校ぐらいは卒業するべきだと思う」

などと、「学校に行ってほしい」という「希望」のような言い方をしていますが、実はこころの奥底には「行くべき」という「べき・ねば思考」があるのです。

「べき・ねば思考」は、行動を制限してしまうので、「行くべきだ」と思っているうちは、「行かせる」以外の選択肢を受け入れられません。

学校に行かなくても、フリースクールに通ったり、オンラインで授業を受けたり、通信制の学校に転校したり、自宅で自主学習に取り組む方法もあります。

それでも「行くべき」と思っているうちは、登校する以外の方法に目を向けられず、自分で自分を縛り、結果、苦しんでしまうのです。

「常に上位の成績を取りたい」

と、勉強に励む子もいます。

成績が上位だと、周りからの信頼も厚いですし、受験をひかえている場合は学内推薦などのチャンスにも繋がります。

勉強が好きで、楽しくしているのならいいですが、「常に上位の成績を取らなければならない」と思い詰めていたら、それは問題です。

成績とは、常に点数という数字で自分の努力を評価されるもの。可視化されるので、やりがいはありますよね。

でも、体調を崩したり、苦手な分野だったり、テストが難しすぎて思うような点数が取れないことだって当然起こります。

そのときに「常に上位の成績を取らなければならない」と思っていたとしたら、達成できなかった自分を受け入れることができません。

仮に達成できたとしても、次から次へと訪れるテストに緊張し続けることになり、どちらにせよ強いストレスでこころをすり減らしてしまいます。

私は以前、『男に生まれて、女になって、結婚もできました。』（日本文芸社）の著者、吉井奈々さんにこんな質問をしたことがあります。

「奈々さん、いつも明るくてポジティブで素敵です。私も奈々さんのようになりたいと思っているのですが、どうやったらそんなにポジティブでいられるのですか？」

すると奈々さんは、真面目な顔で私をじっと見て、

「……どうして、いつも明るくポジティブじゃなきゃダメなの？」

と尋ね返してきたのです。

私はてっきり「ありがとう！　ポジティブの秘訣はね……」と、奈々さんの生き方や考

え方を答えてもらえるものだと思っていたので、驚きました。

言葉に詰まって何も答えることができない私に、奈々さんはこう続けました。

「それって、『いつも明るくポジティブじゃなきゃならない、そうあるべきだ』って思ってるってことよね。それ、苦しいでしょ」

私はなんだか恥ずかしい気持ちになって、下を向きました。

そしたら、ぽろっと涙が落ちました。

「いつも明るくポジティブでいたい。だから笑顔をこころがけている」

という価値観が、いつしか、

「いつも笑顔でいなければならない」

に変わっていたことに、そのとき気がつきました。

一見ポジティブに聞こえても、「笑顔でいなければならない」と自分を縛り、笑顔以外の自分を受け入れられなくなってしまっていたのです。

悲しいことがあったら泣いてもいいし、嫌なことがあったら怒ってもいい。

自分の本当の気持ちを無視していると、気づかぬ間にこころがすり減っていくのだと身をもって感じました。

さて、この「べき・ねば思考」は、育った「環境」と、日常の「繰り返し」によって作られた「思い込み」です。

この思い込みを少し変えるだけで、ものの見方は大きく変わり、ネガティブ思考からポジティブ思考になることができます。

「べき・ねば思考」のやめかた

日常のほんのささいなことにも「べき・ねば思考」ははびこっていますが、やめ方はとても簡単。

「ねばならない」「すべき」を、「してもいいけど、しなくてもいい」に変えるだけです。

・友達とは仲よくするべきだ
↓友達とは仲よくしたほうがいいけど、仲よくしなくてもいい
・年上の人は敬うべきだ
↓年上の人は敬ったほうがいいけど、敬わなくてもいい
・人には優しくするべきだ

↓人には優しくしたほうがいいけど、優しくしなくてもいい
・学校には行くべきだ
↓学校には行ったほうがいいけど、行かなくてもいい
・親の言うことは聞かなければならない
↓親の言うことは聞いたほうがいいけど、聞かなくてもいい
・困った人を見かけたら助けなければならない
↓困った人を見たら助けたほうがいいけど、助けなくてもいい
・期待に応えなければならない
↓期待に応えてもいいし、応えなくてもいい
・完璧でなければならない
↓完璧でもいいし、完璧じゃなくてもいい

どうでしょうか、ずいぶんすっきりしましたよね。

私たちが「しなければならない」と思っていることは、実は**「したほうがいいけれど、しなくてもいい」**、どっちでもいいことなのです。

私たちの「べき・ねば」は、その時の状況で大きく変わるのが普通です。

とはいえやはり「それができたら苦労しないわ!」という声が聞こえてきそうですね。

そこで、「べき・ねば思考」の具体的なやめ方をご紹介します。

こだわりを捨てる

みなさんには、小さなこだわりってありませんか?

たとえば、

「朝、必ずスタバでコーヒーを飲む」

「気に入ったシャンプー以外は使いたくない」

「寝る前にヨガをしないとすっきり眠れない」

など、日常で気をつけて自分を観察していると、このような小さなこだわりがいくつも発見できると思います。

そのこだわりを「そのほうがいいけど、別にそうじゃなくてもいいかな」に変えるのです。

「朝、スタバでコーヒーを飲むのがこだわり。でも、コンビニのコーヒーでもいいかな」

「気に入ったシャンプーを使いたいけど、なかったら別のものを使ってもいいかな」
「寝る前にヨガをしたほうがすっきり眠れるけど、できないときもあるよね」

必ずスタバでコーヒーを飲むのがこだわりになってしまうと、もしそのスタバが臨時休業だったらひどくがっかりします。

気に入ったシャンプーだけを使いたいと思っていたら、それがなくなるとテンションが下がってしまう。

寝る前にヨガをしないと、寝つきが悪くて夜中に起きてしまう。

こだわりとは、「妥協せずに物事をとことん追求する」という意味があるので、とてもかっこよく聞こえますよね。「素材にこだわった逸品」なんてキャッチコピーがついていると、その製品がグンと格上にも思えます。

でも、その一方で、自分を縛る原因にもなってしまうのです。

人によって、こだわりには大小がありますから、いきなり大きなこだわりを「そうじゃなくてもいい」に変えることは無理があります。

ですから、まずはとても小さなこと、こだわりと呼ぶには小さすぎるようなものから始めてみましょう。

電車でいつも座る位置が決まっている人は、そこに座れたらラッキー。そうじゃなかったら、別の席でもＯＫ。

いつも使うコップが決まっている人は、違うものでもＯＫ。

そうやって少しずつ、小さなことから、ＯＫの範囲を広げていくのです。

そうすると、今まで到底変えられないと思っていたこだわりに、

「これって、別に違うのでもいいわ」

と、柔軟な気持ちを持てるようになるのです。

Don't worry! 06

自分の人生は、すべて自分が決めてきた結果でできている

自責思考と他責思考、あなたはどっちを選ぶ？

「自分の人生は、幼少期を除き、すべて自分自身が決めてきたことの結果でできている」

この考え方を知ったとき、私は大きな衝撃を受けました。

「そんなわけない！　そうせざるを得なかったこともたくさんある！」

と、反発する気持ちが起きました。

さて、これを読んでいるみなさんは、どうでしょうか？

「本当は一人暮らしをしたかったけど、両親が反対したから実家暮らしをしていた」

かつて私が思っていたことです。

大学進学の際、両親は「家から通える範囲で大学を決めなさい」と私に言いました。

私は「両親が一人暮らしを許さないから」、自宅から実に2時間半もかけて大学に通っ

ていました。毎日、往復5時間ですから、相当な疲労です。

友達と遊んでいても「家が遠いから」と自分だけ早く帰らなければならない。

アルバイトを選ぶのも「家が遠いから」と制限ができる。

疲れも相まって、「両親がダメだと言ったせいだ」と、毎日口に出るのは不平不満ばかりでしたが、これも、私が「両親に従うことに『決めた』」結果だったのです。

一人暮らしをしたら死んでしまうわけでもなく、世界が滅亡したりすることもありません。両親の反対を押し切って、一人暮らしをすることもできたはずです。

私が自分で決めていただけのことを、両親のせいにしていました。

こういった「悪いのは自分ではない。相手のせいだ」という考え方のことを、「**他責思考**」と言います。


「試合に負けたのは、審判が悪いせいだ」

「英語が苦手なのは、教え方の下手な先生のせいだ」

「このクレームは、お客様の理解が悪いせいだ」

「みじめな思いをするのは、裕福な家庭に生まれなかったせいだ」

「自分が不幸なのは、国の制度が悪いからだ」

このような他責思考は「自分は何も悪くない」と思えるので、メンタルを守るには最適な考え方です。他人のせいにしているのは、居心地がよくて楽チンですね。

でも、周囲の人間や環境によって結果が左右されるので、自分で努力しようと思う気持ちになれません。つまり、成長がないのです。

樺沢紫苑先生も、ご著書の『精神科医が教える 病気を治す 感情コントロール術』（あさ出版）で、このような他責思考による悪口は、こころの病の原因にもなるとおっしゃっています。

そんな他責思考と反対の考え方は、「**自責思考**」です。

「試合に負けたのは、自分の努力が足らなかったせいだ」
「クレームがついたのは、自分の説明が不十分だったからだ」

このように、物事の原因と責任は、すべて自分にあるとする考え方のことです。

自責思考ならば、「ではどうすれば勝てるのか、研究してみよう」とか「今度はクレームがつかないように、説明をしっかりしよう」などと、解決策を探すことができます。努力と経験を積み重ね、成長につながります。

他責思考から自責思考にシフトチェンジする方法は、とっても簡単。

ただ、自分で意識するだけです。

他責思考がクセになっている人は、まず「人のせいにしている」ことに気づくことさえ難しいかもしれません。気づいても、受け入れられないかもしれません。

実はこの「他責思考である自分を認める」ことが、最大の難関です。

これを受け入れ、認められたら、あとは常に「あ、他責思考になっているな」と意識をして、「これも自分が決めたこと」「自分に原因があるとしたら一体何だろう」と、思い直すだけでいいのです。

第一歩は「やり方を知ること」

悪口を言われて嫌な気分になると、そのあとどうしても楽しいことやポジティブなことを考えられなくなってしまいますよね。

これは、人間の感情に起きる当然の現象で、「気分一致効果」と言います。良い気分のときは、自分の周囲で起きる現象の良い部分がより見えて、悪い気分のときは、悪い部分がより見えるのです。

梅雨の時期、雨が続いてずっとじめじめと薄暗い日が続いていると、気分が憂鬱《ゆううつ》になってくることがありますが、これも「気分一致効果」が関係しているのです。

この「気分一致効果」のせいで、悪口を言われて落ち込んでいると、

「あぁ、外は大雨だ。天気さえも私に優しくない」

「お気に入りのコップが割れてしまった。おまえなんて価値がないと言われているみたい」

「すれ違う人がぶつかってきた。私は人の悪意を吸い寄せるんだ」

などと、全く関連しない出来事までも、自分の感情に寄せて勝手なストーリーを作ってしまうのです。

ですが、私たちは知性と知能を持った人間で、感じた気分を自分で変える能力を必ず持っています。**嫌なことが起きたとき、自分が「落ち込む」のか、「バネにして頑張る」のか、「全く気にしないことにする」のかは、自分で選ぶことができる**のです。……と言うと、「そんなことできるわけがない」「できたら苦労しない」といった返事が必ず返ってくるので

すが、そう思う方々は、単にやり方を知らないだけです。

小さい頃、自動車を運転する人を見て、とても自分には運転できる気がしないと思いませんでしたか？

運転できるようになったのは、運転のやり方を知ったから。

悪口を言われても気にしない人は、もともとその「気にしない」というスキルを知っていただけです。

自分を変える第一歩はまず、やり方を知ることです。

言葉の種類を知る

言葉には、周りに動かされる言葉と、周りを動かす言葉があります。

周りに動かされる言葉
「仕方ないよ」
「それは私の役目じゃないから……」
「そんなこと私には無理です……」

「何をやっても無駄」

「○○だったらよかったのにな」

周りを動かす言葉
「できる方法を考えよう」
「解決策を探してみよう」
「私は○○します」
「無駄だ、とわかった時点で無駄じゃない」

私たちの脳は、自分が発した言葉が正しいという証明をしようとします。

「何をやっても無駄」

と口にしたら、それが正しいと証明しようとするので、無駄だと思える出来事ばかりが起きます。

反対に、

「何をやってもうまくいく」

と口にしたら、それが正しいと証明しようとするので、うまくいく出来事ばかりが起きるのです。

最初、この概念を知ったとき、私は「そんなの嘘だ」「うさんくさいスピリチュアルの一種だ」とネガティブに捉えていました。

でも、どんな本にも書いてあるので、騙されたと思って試してみたところ、本当に言葉にした通りに事が進むので驚きました。

言霊《ことだま》という言葉もあるように、**言葉にはパワーがある**のです。

言葉を変える

何か不都合なことがあったとき、それを納得させるための言葉を使っていませんか？

「それなら仕方がないわ」

「そうだったらいいのに」

こういった言葉が口癖の人は、「受け身」であることが多いのです。

常に「待つ」姿勢ではなく、自分から働きかける言葉に変えてみましょう。

たとえば、友達と9時に待ち合わせをしていたとします。

あいにく、自宅から待ち合わせ場所までは交通の便が悪く、時間がかかってしまいます。

あなたは待ち合わせ時間に10時を提案しましたが、友達に押し切られて9時になりました。

案の定、あなたは遅刻をしてしまいます。待たされた友達が、「遅い！」と怒っていたら、さて一体どうしますか？

「そんなこと言われたって仕方ないじゃない……」

「ご機嫌取るの、面倒だな……」

などというマイナスの感情が、まず出てきませんか？

このマイナスの感情をそのまま口にするのでは、他責思考のままです。

そうではなく、ひとまずは出てきた感情を認め、その後で、

「落ち着け。感情的になるな」

と、こころの中でつぶやきましょう。

「だから10時にしようって言ったのに……」

と言いたくなるかもしれませんが、

「次はもう少し家を早く出るね」

と言い換えてみましょう。

「あなただって遅れることあるじゃない。そんなに怒らなくてもいいのに」

と言いたくなったら、

「私は相手に待たされることがあっても、怒らない」

とこころの中で言います。

このように、言葉を変えるだけで、不思議なことに気持ちが変わってきます。

自分でできることとできないことを把握する

とはいえ、言葉にしただけですべてのことが叶うわけではありません。

「日本の領土が私のものになりますように」

「消費税がなくなりますように」

なんて、一日百回唱えたとしても叶いませんよね。

私たちには、「自分でできること」「自分ではできないけれど、誰かができること」「自分ではコントロールできないこと」の3つのことがあります。

ひとつ目の「自分でできること」とは、自分が行動することで、誰かに影響を与えたり、何か変化が生まれたりするもののことです。

痩せたい！　と思ったら、ダイエットをしますよね。誰かほかの人があなたの代わりにダイエットをしても、あなたは痩せません。

勉強も、スポーツも、自分が動いて初めて自分の身につきます。

私は毎日できる限り、20分程度の「早朝ウォーキング」をしているのですが、ウォーキングルートにはたくさんのゴミが落ちていました。毎日通る道ですから、気になります。

地元の人が頻繁に通る道ですが、ゴミが片づけられる様子はありません。

私は勇気を出して、ウォーキングのついでにゴミ拾いをしてみました。

「自分でできること」を実行してみたのです。

ゴミが多い、誰も拾わない、ゴミを捨てる奴が悪い……、など、文句を言うよりも、自分で動いたほうが早かったのです。

それ以来、何か問題があったら「この問題に対して、私ができることはなんだろう」と考えるクセがつきました。

ふたつ目の「自分ではできないけれど、誰かができること」とは、人に影響を与えることで、間接的にコントロールできるもののことです。

ゴミの問題で言えば、私にはゴミを捨てる人の意識を変えることはできません。その人を捕まえて、滾々《こんこん》と説教をしても、その人はおそらく違う場所にゴミを捨てるだけでしょう。

でも、私がゴミを拾っている姿を見たら、もしかしたら「ゴミを拾うのは大変そうだな、ポイ捨てはやめよう」と思ってくれるかもしれません。

また、私がゴミを拾う姿を見た他の人が「一人ではかわいそうだから、自分もゴミ拾いをしよう」と協力してくれるかもしれません。

自分が誰かの行動を指示することはできませんが、このように影響を与えることはできるのです。

そして最後の「自分ではコントロールできないこと」とは、天気や外交問題などのことです。

楽しみにしていた旅行に台風が直撃してしまっても、念力で台風を吹き飛ばすことも、誰かに台風を消してもらうこともできません。

外交問題や政治など、自分の影響が全く及ばない範疇《はんちゅう》も当然あります。私たちが関われるのは、せいぜい投票ぐらいだからです。

これは、人によってできる範囲が異なりますから、もちろん政治家であれば「自分でできること」が広がりますし、署名活動などは、「自分では変えられないけれど、影響を与えられること」になります。

自分でコントロールできない問題は、「考えても自分にはどうしようもないことだ」と割り切ってください。

割り切ることで、感情を振り回されて、疲れることがなくなります。

気持ちが安定していると、ポジティブなことに目が行きやすくなりますので、日常生活でも断然過ごしやすくなります。

Column 4

10回に1回は必ず現れるスライムと同じ戦っても経験値も少ししかもらえない

樺沢紫苑

これは、YouTubeの「精神科医・樺沢紫苑の樺チャンネル」での言葉です。

精神科医であり、ベストセラー作家でもある樺沢紫苑先生は、YouTubeでもメンタルに関するさまざまな情報を配信しており、2023年12月現在、48万人のチャンネル登録者数を誇っています。

樺沢先生のもとには、毎日多くの質問が寄せられますが、やはり多いのは人間関係についての相談。特に、自分に対して悪口などの悪意を向けてくる人にどう対処したらいいのかを悩んでいる視聴者が多いのです。

そこで樺沢先生は、悪意を向けてくる人のことを「スライムと同じ」と表現しました。

スライムとは本来、ねばねばとした物質のことを言いますが、大人気RPGゲーム「ドラゴンクエスト（略：ドラクエ）」にモンスターとして登場したことで、今では多くの人が知るキャラクターとなりました。

ドラクエをプレイして、まず一番初めに出てくるモンスターがスライムです。ゲームをプレイしたことのない人でも知っているほど知名度は高いのですが、一番弱いモンスターでもあります。

最弱モンスターなので、ゲーム初心者でもスライムを倒すことは難しくありません。そのため、モンスターを倒すともらえる経験値は、ほんのわずかです。

頻繁に遭遇する割にはたいしてうま味もない存在なので、弱いくせに面倒だという意味で「ザコキャラ」に分類されています。

ゲームをプレイしたことのある人ならわかるでしょう。レベルが上がるにつれて、遭遇すると「あぁ、スライムか……」と思うときの、あの面倒くさい気持ちを。

あなたに悪口を言う人は、このザコキャラ・スライムと同じなのです。どこにでもいるし、戦ってもあまり報われることもなく、相手にするだけ時間の無駄なのです。

1対7対2の法則というものがあります。

これは、10人のうち、1人はあなたを嫌う人で、7人は特になんとも思っていない人。そして残りの2人はあなたの味方になってくれる人、ということです。

どの職場に行っても、どのコミュニティに行っても、必ずこの法則に従って、悪口を言ったり、あなたに悪意を持って接してきたりする、いわゆる「あなたを嫌う人」が一定数現れるのです。全員に好かれることは、まずありません。

「人間関係で嫌なことがあった」

と、職場やコミュニティを変わる人がいますが、この法則の通り、次の場所でも必ずあなたを攻撃してくる人は現れます。

あなたを嫌う人といちいち戦ったところで、相手はザコキャラ・スライムなのですから、自分を成長させるような経験値は見込めません。

ほんのたまにですが、まぐれで「スライムの快心の一撃」でダメージを食らうこともあります。ザコキャラ・スライムにやられるなんて、悔しいではありませんか。

あなたを攻撃してくる人とは、関わらないことが一番です。

「うわ、ザコキャラ・スライムだ。相手するの、めんどくさいな。時間の無駄だし、スルーしよ」

これでいいのです。戦わず、スルーしてしまいましょう。

スルーは逃げることとは違います。たとえ「あいつ、逃げやがった」とまた悪口を言われたとしても、相手はスライムなのですから「スライムが悪口を言っている」なんて、全く気にすることはありません。

それでも、10人中たとえ1人でも、自分を嫌う人がいるのが辛いと思う方がいるかもしれません。そういう方は、1対7対2の法則の、1ではなく2に目を向けてください。

あなたを嫌う人の2倍、あなたの味方になってくれる人がいるということをお忘れなく。

Column 5

学生は先生の悪口で盛り上がって徐々に「仲間」を作ります。てっとりばやく仲よくなるための道具だから、結果的に大多数の人は悪口に参加します。

岡田斗司夫

「朝日新聞」で大好評連載中の人生相談コーナー「悩みのるつぼ」の中で、中学3年生の女子が、「人から悪口を言われないためにはどうしたらいいですか」という質問をしました。それについて、評論家の岡田斗司夫さんは、「悪口は仲良くなるための道具」だと答えました。


たとえば、新学期になると、新しいクラス、新しい担任の先生になりますよね。

このとき、多くの生徒は自分の周りの環境の変化に、不安を抱きます。

「仲よくできるかな?」

「いじめられないかな?」

そんな気持ちの中で、友達や仲間を作るのに必要なのはこのふたつ。

①共通の目標を作る
②共通の敵を作る

つまり、人が誰かの悪口を言うのは、相手に対して悪意があるからというより、友達や仲間を作るためだというのです。

①の、共通の目標を作る、というのは、学生なら、文化祭や体育祭。社会人なら、チームの目標や会社の方針など、周囲の環境がある程度馴染んでからのイベントにおいて、「共通の目標」ができてきますよね。

みんなと「共通の目標」を作ることで、自分がここに所属しているという感覚を持つことができます。

ですが新学期というのは、まだそのイベントが発生していない、新しい環境がスタートしてすぐの段階ですから、このときは「共通の敵」を作るほうが、てっとりばやく仲よくなれる、というのです。

岡田さんの考えでいえば、悪口というのは、単純に考えたら、学生が担任の先生の悪口を言って盛り上がり、仲間意識を育てるようなもの。

クラスという小さな単位でいじめが発生しやすいのは、この「共通の敵」を作り、「仲間意識」を育てるためとも言えます。

大勢のLINEグループで、一人だけちょっと浮いた存在の人がいたら、その人はたちまち「裏LINEグループ」で悪口の標的となってしまいますよね。

これも、「共通の敵」を作り、「仲間意識」を育てるためなんです。

そう考えると、悪口を言われることもひどく落ち込むことではないように思えてきませんか？

みんな、誰かと繋がりたくて、周囲との関係を作ろうと必死なんだなと思うと、ちょっとバカバカしく感じます。

「もっと違う方法で仲間意識を育てたらいいのに」とも思いますが、誰もが他人の悪口で妙な一体感というか、連帯化を感じたことがあると思うのです。

だから、人から悪口を言われても、「私なんて……」などと落ち込まず、むしろ自分が周囲の人々を繋げているんだ！　仲間意識を育てるのに一役買ってるわ！　という、プラスの面を思うようにしましょう。

参考文献

『叶恭子の知のジュエリー12ヶ月（よりみちパン！セ）』叶恭子（イースト・プレス　2011．11．17）
『岡田斗司夫の「悩みのるつぼ」第7集』岡田斗司夫（ロケット　2015．4．8）
『精神科医が教える 病気を治す 感情コントロール術』樺沢紫苑（あさ出版　2021．4．18）
『バカと無知―人間、この不都合な生きもの―（新潮新書）言ってはいけない』橘玲（新潮社　2022．10．15）
『男に生まれて、女になって、結婚もできました。』吉井奈々（日本文芸社　2013．12．25）
『マンガでわかる！すぐに使えるＮＬＰ』藤川とも子（日本実業出版社　2018．10．20）
『職場の人間関係が劇的に良くなる！ほめコミュニケーション』原邦雄（ワン・パブリッシング　2022．8．8）

著者紹介

堀もとこ（ほり・もとこ）

人間力アップコンサルタント／認定心理士

officeMOCO代表　1979年生。三重県四日市市出身。自身のネガティブ思考を克服した経験をもとに、心理学をベースとした「折れないメンタルの作り方」や「心のコントロール法」などを伝える人間力アップコンサルタント。大学では少年犯罪を中心に研究を続けるが、メンタルに不調をきたし大学院進学を諦め、その思いを封印する。東日本大震災で多くを失っても懸命に生きる人々から勇気をもらい、どんな状況でも負けずに前を向くのに大切なのは心だと確信し、心理学の勉強を再開。2018年には日本心理学会認定心理士の資格を取得。専門学校でのコミュニケーション学講師や、地元FM局でのパーソナリティ歴3年以上などで「人前で話すスキル」を磨き、現在は「講師」「司会者」「コンサルティング」など3つ以上のビジネスエンジンで活動中。「自ら変わる決断をすれば人は幸せになれる」をモットーに、前向きに生きようとする人に向けて、また企業等で職場の人間関係に生かせるコミュニケーション等を広く伝えている。

アメブロ　　ホームページ　　公式 LINE

悪口《わるぐち》を言《い》われても気《き》にしない人《ひと》の考《かんが》え方《かた》　〈検印省略〉

2024年　1　月　28　日　第　1　刷発行

著　者――堀　もとこ（ほり・もとこ）

発行者――田賀井　弘毅

発行所――株式会社あさ出版

〒171-0022　東京都豊島区南池袋 2-9-9 第一池袋ホワイトビル 6F

電　話　03（3983）3225（販売）

　　　　03（3983）3227（編集）

F A X　03（3983）3226

U R L　http://www.asa21.com/

E-mail　info@asa21.com

印刷・製本　（株）光邦

note　http://note.com/asapublishing/

facebook　http://www.facebook.com/asapublishing

X　http://twitter.com/asapublishing

ISBN978-4-86667-660-9 C0030